一图一解·
汽车钣金喷漆工
技能

宁德发　主编

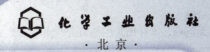

·北京·

本书主要内容包括汽车钣金喷漆基础知识、汽车钣金工艺、汽车喷漆工艺等。本书采用"一图一解"的形式，将基本理论与维修实际应用相结合，系统介绍了汽车钣金喷漆技术。本书内容丰富，图文并茂，可读性与实用性强。

本书可供广大汽车维修人员和汽车技术人员使用。

图书在版编目（CIP）数据

一图一解·汽车钣金喷漆工技能/宁德发主编．—北京：化学工业出版社，2020.6
ISBN 978-7-122-36472-2

Ⅰ.①—… Ⅱ.①宁… Ⅲ.①汽车-钣金工-图解②汽车-喷漆-图解 Ⅳ.①U472.4-64

中国版本图书馆 CIP 数据核字（2020）第 046957 号

责任编辑：陈景薇　　　　　　　　　　文字编辑：冯国庆
责任校对：王佳伟　　　　　　　　　　装帧设计：王晓宇

出版发行：化学工业出版社（北京市东城区青年湖南街13号　邮政编码100011）
印　　装：大厂聚鑫印刷有限责任公司
710mm×1000mm　1/16　印张12　字数233千字　2020年6月北京第1版第1次印刷

购书咨询：010-64518888　　　　　　　售后服务：010-64518899
网　　址：http://www.cip.com.cn
凡购买本书，如有缺损质量问题，本社销售中心负责调换。

定　　价：48.00元　　　　　　　　　　　　　　　　版权所有　违者必究

前言

近年来，汽车的增多推动了汽车维修保养行业的发展，社会对汽车维修技术人员的需求也在与日俱增。汽车科技的发展，汽车结构的创新，尤其是电子技术在汽车上的广泛应用，大大提高了汽车的性能，这就要求汽车维修从业人员要不断地学习新知识，掌握新技能，在学习中实践，在实践中学习，不断积累经验，以适应汽车科技的发展。在我国众多的汽车维修企业中，能够胜任汽车钣金喷漆工作的技术人员比较紧缺，并且现有的从事汽车钣金喷漆工作的技术人员也缺乏系统的培训，很难跟上汽车修复技术发展的步伐。为了全面提高汽车钣金与喷漆人员的综合素质和职业技能，满足汽车修复行业发展的需求，我们编写了此书。

本书共三章，内容包括汽车钣金喷漆基础知识、汽车钣金工艺、汽车喷漆工艺。

本书采用"一图一解"的形式，将基本理论与维修实际应用相结合，系统讲述了汽车钣金喷漆技术，内容丰富，图文并茂，可读性与实用性强，可供广大汽车维修人员和汽车技术人员阅读使用。

本书由宁德发主编，由张金玉、李丹、宋立音、赵荣颖、李凌、李慧婷、徐书婧、杨静、赵子仪、许洁、孙莉媛、罗娜、齐丽娜、陶红梅、姜鸿昊、雷杰、郭志慧、黄腾飞等共同协助完成。

由于笔者的经验和学识有限，虽尽心尽力编写，但内容难免有疏漏之处，敬请广大读者批评指正。

编者

目录

第1章 汽车钣金喷漆基础知识 / 1

- 1.1 汽车车身结构 / 1
  - 1.1.1 车架式车身结构 / 1
  - 1.1.2 整体式车身结构 / 4
- 1.2 汽车钣金喷漆安全生产及防护 / 7
  - 1.2.1 钣金工艺安全防护 / 7
  - 1.2.2 喷漆工艺安全防护 / 12

第2章 汽车钣金工艺 / 22

- 2.1 钣金常用量具及工具 / 22
  - 2.1.1 常用量具 / 22
  - 2.1.2 电动工具 / 23
  - 2.1.3 气动工具 / 24
  - 2.1.4 凹陷拉拔工具 / 25
  - 2.1.5 车身整形工具 / 26
- 2.2 车身校正 / 31
  - 2.2.1 车身校正系统 / 31
  - 2.2.2 车身校正技术 / 36
- 2.3 车身构件的拆装与更换 / 45
  - 2.3.1 立柱、梁的拆装与更换 / 45
  - 2.3.2 车身玻璃的拆装与更换 / 49
  - 2.3.3 车门及其附件的拆装与更换 / 54
  - 2.3.4 保险杠的拆装与更换 / 72
  - 2.3.5 前翼子板总成的拆装与更换 / 80
  - 2.3.6 发动机罩的拆装与更换 / 82

2.4 汽车装饰件的更换与调整 / 87
　2.4.1 车外装饰件的更换与调整 / 87
　2.4.2 乘坐室部件的更换与调整 / 92
2.5 钣金件修复 / 103
　2.5.1 车身钣金修复 / 103
　2.5.2 车身表面凹坑的检查与修复 / 107
　2.5.3 车身塑料件的修复与更换 / 113

第3章 汽车喷漆工艺 / 122

3.1 喷漆常用设备及工具 / 122
　3.1.1 喷漆室与烤漆房 / 122
　3.1.2 空气喷涂系统 / 125
　3.1.3 压缩空气供给系统 / 131
　3.1.4 打磨工具设备 / 135
3.2 喷漆前准备 / 140
　3.2.1 车辆的清洗 / 140
　3.2.2 漆膜损伤评估 / 143
　3.2.3 表面预处理 / 148
3.3 喷漆工艺 / 161
　3.3.1 喷底漆 / 161
　3.3.2 喷二道浆 / 172
　3.3.3 喷面漆 / 180

参考文献 / 185

第 1 章 汽车钣金喷漆基础知识

1.1 汽车车身结构

1.1.1 车架式车身结构

车架式车身具有完整的骨架（或构架），车身蒙皮固定在已经装配好的骨架上。车身利用弹性元件与车架相连，车身不承受汽车载荷，所以也叫非承载式车身，如图 1-1 所示。

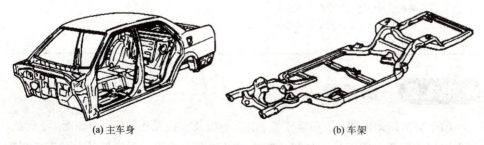

(a) 主车身　　　　　　　　　　　　(b) 车架

图 1-1　非承载式车身

1.1.1.1 车架类型

非承载式车身的车架常见的包括梯形车架、X形车架和框式车架三种类型，如表1-1所示。

表1-1 车架类型

名称	说明	图示
梯形车架	梯形车架采用两个纵梁与一些横梁相连接。梯形车架的强度好，在一些货车上仍然可以看到。在一些小型货车上也还使用。但因为它的舒适性差，现在轿车上已不使用	中大型货车用的梯形车架　小型货车用的梯形车架
X形车架（脊梁式车架）	X形车架中间窄，刚性好，能很好地承受扭曲变形。因为这种车架侧面保护性不强，从20世纪60年代后期起已不再使用	前横梁、后横梁、管状中心段、车身托架、前上弯车架、车身托架、纵梁、后上弯车架
框式车架	框式车架的纵梁在其最大宽度处支持着车身，在车身受到侧向冲击时可以为乘客提供保护。在前车轮后面与后车轮前面的区域分段形成扭力箱结构。在正面碰撞中，分段区域可以吸收大部分的能量。在侧向碰撞中，因为中心横梁靠近前面地板边侧构件，使乘坐室受到保护；同时由于乘坐室地板低，从而重心降低、空间加大。在后部碰撞中，由后横梁和上弯车架共同吸收冲击振动。由于关键区域有横梁加强，避免了车架过大的扭曲和弯曲。目前所应用的大多数车架都是框式车架	扭力箱、前车架梁、后车架梁、中心车架梁

1.1.1.2 前车身

前车身由发动机罩、散热器支架、前翼子板及前挡泥板等组成，如图1-2所示。因为用螺栓安装，所以易于分解。散热器支架由上支架、下支架及左右支架焊接成一个单体。非承载式车身的前翼子板与整体式车身的前翼子板不同,其上边内部和后端是点焊的,不但增加了翼子板的强度和刚性,而且与前挡泥板一起降低了传到乘坐室的振动和噪声,便于减小悬架及发动机在侧向冲击时受到的损伤。

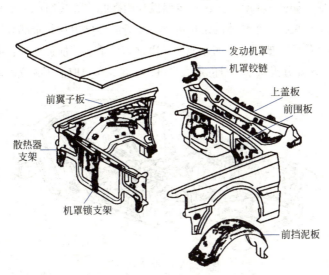

图 1-2　非承载式车身的前车身构件

1.1.1.3　主车身

乘客室与后备厢焊接在一起构成主车身,它由围板、前地板、车顶板等构成,如图 1-3 所示。围板由左右前车身立柱、内板、外板及盖板的侧板构成。传动轴凹槽纵贯地板中心。横梁和地板前部焊接在一起,并设置在车架上。当乘坐室受到侧向冲击碰撞时,可使乘坐室顶边梁、门和车身获得保护。地板的前后及左右边侧用压花工艺做成皱褶,增加了地板的刚度,减少了振动。

图 1-3　非承载式车身的主车身结构

1.1.2 整体式车身结构

目前汽车上所采用的承载式车身结构,其车架与车身均由大量不同尺寸、不同形状的薄钢板组成,如图1-4所示。这些薄钢板利用装配或焊接组成一个整体。这样,可确保整体式车身具有一个整体的结构刚度。车身的强度也由每个部分一同承担。发动机、变速器以及悬架被固定在加强地板、边梁和横梁上,加强地板、边梁和横梁又叫作下部车身。这部分提供了车身的最大强度。承载式车身取消了独立的车架与车身。

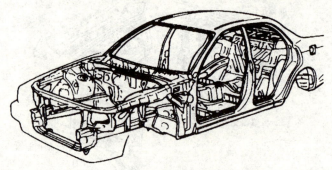

图1-4 承载式车身

1.1.2.1 整体式车身结构的基本组成

(1)车身前部部件 前部也称为鼻部,包括前保险杠到火墙之间的所有部件:保险杠、格栅、车架边框、前悬架部件,一般发动机也是汽车前部的一部分。

车身纵梁是在车身前部底下延伸的箱形截面梁,往往是承载式车身上最坚固的部件。前罩板是车身前段后部的车身部件,在挡风玻璃的正前方,它包括顶罩板与侧罩板。前围板是围绕着车轮与轮胎的内板,防止路面的砂石进入乘坐室,通常用螺栓连接或焊接在车架纵梁和前罩板上。减振器塔安装在被加强的车身上,用以支承悬架系统的上部分,螺旋弹簧、吸振器安装在塔内,它们构成了前围板内部的一部分。

散热器芯支承装配在车架纵梁和内前围板上,用于支承冷却系统的散热器以及相关部分。发动机罩是一块由铰链连接的构件,这样可以很便利地打开发动机舱(发动机前置的汽车)。发动机罩的铰链用螺栓连接在机罩和前罩板上,使机罩可以打开。为了避免变形和振动,机罩通常由两块或两块以上的板焊接或粘接在一起。

前隔板是发动机罩与挡风玻璃之间的过渡段部分,有时也叫"火墙",是隔在车身前部与中部乘坐室之间的板,它一般也是焊接在一起的。

翼子板从前车门一直延伸到前保险杠,它盖住了前悬架部分和内围板,一般是用螺栓固定在上面的。

保险杠总成用螺栓连接到车架前角或纵梁上,吸收小的撞击。

（2）车身中部部件　车身中部主要包括构成乘坐室的车身部件。这部分包括车底板、车顶板、前罩板、车门、车门支柱、车窗玻璃以及相关部分。中部又被称作"绿房子"，这是由于它被车窗玻璃所包围。

支柱是汽车车身上用来支撑车顶板的梁，并为打开车门提供方便，它们必须非常坚固，方便在万一发生严重碰撞或翻车事故时保护乘客的安全。前支柱向上延伸至挡风玻璃的末端，必须足够坚固以保护乘客，它也称为A柱，是从车顶向下延伸到车身主干上的箱形钢梁。中间支柱也叫作B柱，是车顶的支承件，在四门汽车上位于前门与后门之间。它增强了车顶的强度，并且为后门铰链提供了安装位置。后支柱从后侧围板向上延伸用来支承车顶的后部和后车窗玻璃，也称为C柱，它们的形状随车身的形式而变化。

车门是一个由外蒙皮、门内支架、车门板、门窗调节装置、车窗玻璃以及相关部分组成的复杂装配体。车门铰链连接在支柱与车门支架之间，门窗调节器是一个齿轮机构，用来升高和降低车窗玻璃。

车顶是安装到乘坐室上面的多块板件，通常焊接在支柱上。

（3）车身后部部件　车身后部也叫作尾部或后厢，通常由后侧围板、后备厢或后地板、后车架纵梁、后备厢盖、后保险杠以及相关部件组成，也称作"猫屋"。它一般需要从汽车上拆下来以便修理尾部的碰撞损伤。

后侧围板是一个大的侧面车身部分，它从侧门向后一直延伸至后保险杠，焊接在上面并形成后部车身结构的重要部分。

1.1.2.2　轿车车身零部件

车身结构可分成若干个称为组件的小单元，它们本身又可以分成更小的单元，称作部件或零件。前车身部件如图1-5所示；车身侧面部件如图1-6所示；底部车身部件如图1-7所示；车身外覆盖件如图1-8所示。

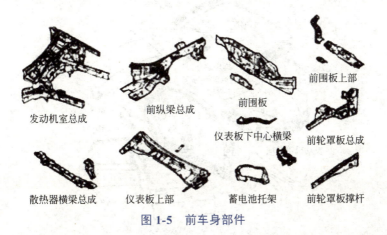

图1-5　前车身部件

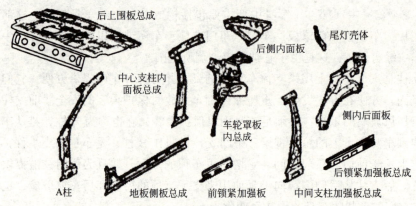

图 1-6　车身侧面部件

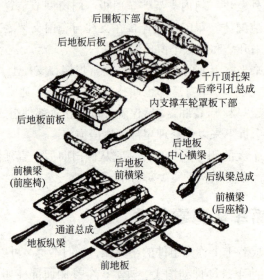

图 1-7　底部车身部件

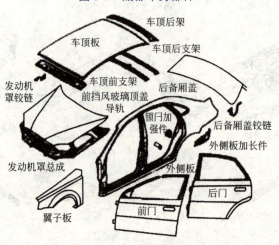

图 1-8　车身外覆盖件

1.2 汽车钣金喷漆安全生产及防护

1.2.1 钣金工艺安全防护

1.2.1.1 车间布置

在车身修理车间（图1-9）内主要完成车身修复与涂装两项工作，工作区域分为车身修复工作区域（钣金工作区）及涂装工作区域（喷漆工作区）。

车身修复工作区域通常分为钣金加工检查区、钣金加工校正区、车身校正区及材料存放区等。

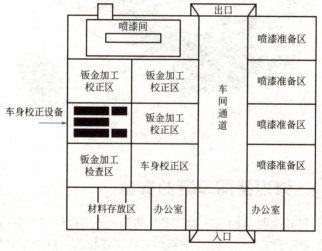

图1-9　车身修理车间

① 车身修复场所应保持良好通风，无论是焊接，还是切割或打磨，都会产生有害的烟尘。

② 车身校正区的工种布置需符合车身修复工艺的要求，既要考虑经济性，又要考虑维修质量，同时不能忽视安全因素。

③ 应保持车身修复生产场所地面干燥和整洁，因为未被发现的损伤电缆线在潮湿的地面上易漏电，会发生触电事故，而地面上的油污易造成操作人员在操作过程中摔倒。

④ 废弃物的分类处理：车身修复过程中会产生很多不同类型的废弃物，包括废气、废水、废渣、废料，不但污染环境，严重时会导致火情（如焊渣和未使用完已混合的原子灰都很危险）。

⑤ 应急通道须时刻保持畅通。有些修理企业因为业务多，疏于管理，将应急通道占用，一旦险情发生，其后果不堪设想。

车身测量校正、车身焊接、车身装配调整工作通常在一个固定的工位进行，即在车身校正仪（图1-10）上完成这些工作。车身校正区是车身修复工作区中最重要的工位，同时也是完成工作最多的工位。此工位要布置一台车身校正仪，车身校正仪平台的长度通常为5～6m，宽度通常为2～2.5m。为了有足够的安全操作空间，车身校正区的长度通常为8～10m，宽度通常为5～6.5m。

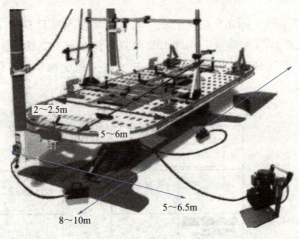

图1-10 车身校正仪

1.2.1.2 修理期间车辆的安全

① 必须拉好驻车制动操纵杆，关闭发动机，将变速杆置于空挡。若车辆为自动变速器，则应置于驻车挡。最好用楔形木块垫住轮胎，以免车辆移动。

② 举升车辆时，要做好车辆的支撑工作，并确保支撑安全。

③ 将车辆的蓄电池拆下，确保车辆用电设备的安全。点火开关处于关闭状态，如果打开点火开关而变速器又挂着挡，则在转动发动机曲轴时，发动机可能会启动。

④ 发动机熄火，等到炽热部件（排气管、消声器等）冷却后方可进行相关操作。车辆如有汽油、机油泄漏等，必须采取措施，防止火灾。

⑤ 禁止焊接车辆的油箱，也不能在油箱附近进行高热的操作。

1.2.1.3 电气的安全

① 修理电动设备和电动工具前需先断开电源，否则会有电击危险，严重的可能造成伤亡事故。

② 保持地面干燥。因为水能导电，如果带电导线落入站有人的水坑中会产生

电击的危险。在使用电动工具时必须保持地面无水。

③ 应保证电动工具和设备的电源线正确接地。若电源线中的接地插头断裂，则应更换插头后再使用工具。

④ 定期检查电线的绝缘层有无裂纹或裸露出导线，及时更换发生破损的电线。

1.2.1.4 消防安全

① 在车身修理车间内禁止吸烟，不得随身携带火柴或打火机。

② 车间内堆积大量易燃物可能引发火灾。易燃材料应远离热源。禁止在调漆间附近使用割炬或焊接设备。车身隔声材料易燃，在对车身板件进行焊接或用割炬、等离子弧切割时，必须先将隔声材料拆下。

③ 进行焊接或切割时，高热量的火星可以运行很长一段距离。禁止在油漆、稀释剂、其他可燃液体或材料周围进行焊接或切割；禁止在蓄电池周围进行焊接或研磨。

④ 油箱应当排空后拆下。当在油箱加油管周围进行作业时，还需将其拧紧并盖上湿抹布。

⑤ 在车辆内饰旁边进行焊接或切割时，应卸下座椅垫或地板垫，用一块浸水的布或焊接毯盖上，最好在旁边备一桶水或一个灭火器。

⑥ 在发生火灾时，禁止打开门窗，防止空气流动使火势加大。

⑦ 灭火器应该定期检查，定期重新加注灭火剂。灭火器应摆放在车间的固定位置，并要有明显的标志。

1.2.1.5 个人防护

（1）呼吸系统和肺部的防护（表 1-2） 对镀锌钢板进行焊接时形成的焊接烟尘、进行打磨抛光时产生的微尘、清洗部件时挥发的溶剂以及喷射防腐剂时挥发的液滴，都会被人吸入呼吸系统，对人体产生暂时的甚至永久的伤害。在进行这些操作时均需佩戴呼吸防护用品。

表 1-2 呼吸系统和肺部的防护

名称	说明	图示
防尘口罩	通常是用多层滤纸制作的纸质过滤器，它可以阻挡空气中的微粒、粉尘进入人的鼻腔、咽喉、呼吸道和肺部。在进行打磨、研磨或使用吹风机吹净板件操作时会产生大量的粉尘，需佩戴防尘口罩	

续表

名称	说明	图示
滤筒式防毒面具	滤筒式防毒面具一般有一个橡胶面罩,能够贴合脸部轮廓,确保气密性。有可换的预滤器和滤筒,能够清除空气中的溶剂和其他蒸气;有进气阀与出气阀,保证所有吸入的空气都能被过滤	
焊接专用防毒面具	焊接专用防毒面具上有一个特殊的滤筒,用于吸收焊接烟尘。在对镀锌钢板进行焊接时,产生的焊接烟尘及锌蒸气会对人体产生非常大的伤害	

（2）眼睛和面部的防护（图 1-11） 在进行钻孔、磨削和切削等操作时,需佩戴护目镜。在进行可能会造成严重面部伤害的操作时,仅戴护目镜不能提供足够的保护,应佩戴全尺寸防护面罩。

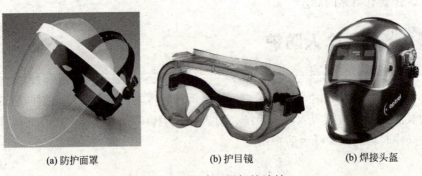

(a) 防护面罩　　　　(b) 护目镜　　　　(b) 焊接头盔

图 1-11　眼睛和面部的防护

在进行气体保护焊、等离子切割等操作时,需佩戴有深色镜片的头盔或护目镜。头盔可以保护面部免受高温、紫外线或熔化金属的灼伤,变色镜片可以保护眼睛免受过亮光线或电弧紫外线的伤害。

（3）耳朵的防护（图 1-12） 在钣金作业车间,金属的锤击声会直接影响人的听觉,严重时可对听觉造成永久性伤害,因此应佩戴耳塞或耳罩等耳朵保护装置。

| (a) 耳塞 | (b) 耳罩 |

图 1-12　耳朵的防护

(4) 身体的防护（表 1-3）

表 1-3　身体的防护

名称	说明	图示
上身防护	在车间内应穿着合格的专用工作服，不得穿着宽松的衣服，以及未系袖扣和衣扣的衬衫，不得佩松垂的领带等	
手的防护	为了避免被熔化的金属烧伤，在焊接时应戴上皮质的手套 使用钣金锤作业时，需戴防滑棉手套	
腿、脚的防护	在进行车身钣金作业时，为了避免砸伤、防电击、防滑，须穿安全鞋 当跪在地上作业时，最好佩戴护膝 在焊接时，裤长要能盖住鞋头，以免炽热的火花或熔化的金属进入鞋内，通常用皮质的围裙、护腿来避免熔化的金属烧穿衣物	安全鞋　护膝 护腿

1.2.1.6 工具设备的安全

① 手动工具必须保持干净整洁及状态完好，任何断裂、毛刺和切口等均有可能造成操作者受伤或引起被修车辆及其他工具设备不必要的损伤，油污可能会导致手动工具脱落而引发危险。

② 专用工具除用于专门场合外，禁止用于其他任何操作，对于量具等精密器械更应妥善保管。

③ 将所有的零件和工具整齐、正确地摆放在指定位置，在保证其他工作人员不会被绊倒的同时，还能缩短寻找零件或工具的时间。

④ 进行动力打磨、修整和钻削等工作时，必须佩戴防护目镜；使用高速电钻时不能戴手套；打磨小件时不得用手持握工件。

⑤ 使用电气焊或明火操作时要注意防火，设备使用完毕应将设备安放在特定的场地，关闭电源与气源。

⑥ 使用电动工具时要保证接地可靠；检查绝缘状况；在接通电源之前保证开关处于关闭状态，用完应切断电源；使用手持电动工具时不要站在潮湿的地面上。

⑦ 在用动力设备对小零件进行操作时，不得一手持零件，一手持工具操作，否则零件容易滑脱，造成手部严重受伤。在进行研磨、钻孔、打磨时，一定要使用夹紧钳或台虎钳来固定小零件。

⑧ 焊接用的气瓶要固定牢靠，以免倾倒产生危险。使用完毕后应关上气瓶顶部的主气阀，防止气体泄漏流失或爆炸。

⑨ 不要用压缩空气来清洁衣物。压缩空气不得直接对着皮肤吹，即使是在较低的压力下，压缩空气也能使得灰尘粒子嵌入皮肤，可能会造成皮肤发炎。

⑩ 焊机的电缆线外皮必须完整、绝缘良好、柔软。焊机电缆线应采用整根电缆线，中间不应有连接接头；当电缆线需要接长时，应用接头插接器连接，连接处应保证绝缘良好，而且插头不宜超过两个。

在任何操作时，都不得把錾子或其他尖锐的手动工具放到衣兜里，可能会刺伤自己或损坏车辆。

操作整形台架及拉伸设备前，必须要认真阅读使用说明书，按规定使用。

1.2.2 喷漆工艺安全防护

1.2.2.1 车间布置

（1）全新修理厂的车间布局设计

① 业务量和人员的分配。可通过专业调查公司对专业数据进行估算。

② 工作区。通常按照标准工作区和辅助工作区进行划分。标准工作区主要针对常规修复开放，小钣喷维修时可借助辅助工作区实施维修，以节省空间和等待时间。在维修车间设置工位标牌，避免车辆来维修时出现混乱、占用工位等现象。

③ 设备。修理厂必须考虑重要的设备及其摆放位置。

喷涂准备区包括打磨区，现代化修理厂必须要创造无尘区域。为减少灰尘，地板通常采用格栅式，而所有的干磨设备必须要和吸尘系统连接。红外设备一般用于原子灰的干燥，所以可以放置在准备区，如果将红外设备固定在顶部轨道上，则可以在多个区域同时使用。如果条件允许，准备区最好临近喷涂区域。

（2）重新规划现行修理车间布局和扩建　重新规划现行修理车间布局的限制非常多，但所遵循的基本原则与建立一个新的修理车间一致。在重新规划时，有时只需进行局部调整即可收到非常好的效果，例如在地板上做好间隔的标志，规定在修理过程中车辆不得占用通道，就可节约可观的车辆移动时间。修理车间的扩建和重新规划相比，在空间上的限制较少，但可能在时间上的限制较多。

（3）重新规划烤房布局和扩建　烤房是修理厂最贵重的设备之一，烤房的数量由设计修理的数量决定。应用烤房时要考虑是所有的底漆和面漆喷涂都使用烤房还是只喷面漆时使用烤房。喷涂面漆是修理的最终步骤，所以烤房最好放置在靠近出口的位置而且靠近喷涂准备区域，可以是对面也可以是相邻。如果条件允许，可以考虑专门设置零配件烤房来喷涂零配件及保险杠等。

1.2.2.2　个人安全防护

（1）呼吸系统的安全与保护（表1-4）　呼吸保护器包括三种：通风帽式（供气式）呼吸保护器、滤筒式呼吸保护器和防尘呼吸保护器。

表1-4　呼吸系统的安全与保护

名称	说明	图示
供气式呼吸保护器	这是一种能够防护吸入异氰酸酯蒸气和喷雾引起过敏的装置。供气式呼吸保护器由一台小型无油空气泵提供空气，该气泵的空气入口必须放在空气清洁、远离喷漆的地区	半面供气式面罩　全面供气式面罩

续表

名称	说明	图示
滤筒式呼吸保护器	当喷涂磁漆、硝基漆以及不含异氰酸酯固化剂的油漆时，可以佩戴滤筒式呼吸保护器。这种呼吸保护器是由一个适应人的脸型并且具有密封作用的橡胶面具构成。它包括可拆卸的前置过滤器和滤筒，可以滤除空气中的溶剂或喷雾。呼吸器还有进气阀门与排气阀门，以保证呼吸顺畅 　　滤筒式呼吸保护器的维护主要是保持清洁，定期更换过滤器与滤筒。当出现呼吸困难时应更换前置过滤器；每周更换一次滤筒；定期检查面罩，以保证良好的密封性能	
防尘呼吸保护器	这类保护器可以防止打磨灰尘被吸入，只在打磨作业时佩戴。喷漆时，不得用它代替前两种保护器使用	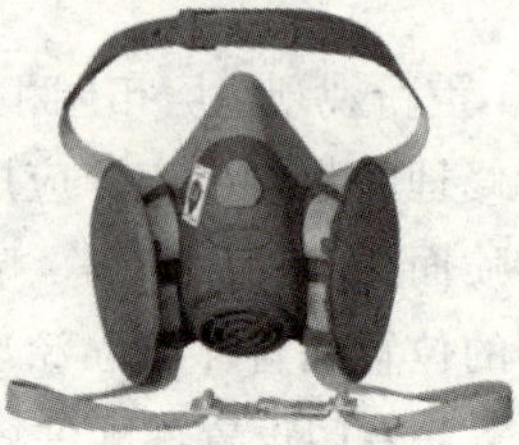

（2）人体其他部位的保护（表1-5）

表1-5　人体其他部位的保护

名称	说明	图示
头部的保护	将长发扎起来，始终要戴安全帽方可从事喷漆或其他修理作业	
眼睛和脸部的保护	工厂各处都有飞扬的灰尘和碎屑，可能会伤及眼睛。操作磨轮、气凿和在车底下工作时均需戴防尘镜、护目镜或防护面具	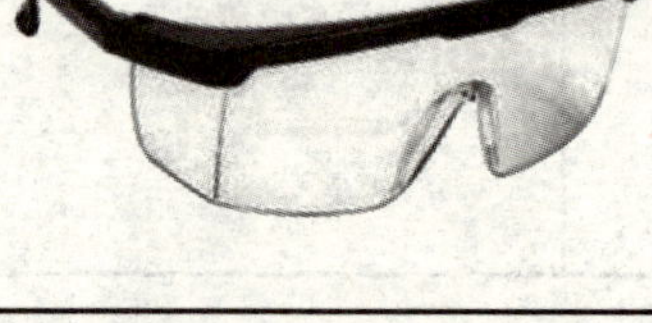

续表

名称	说明	图示
耳朵的保护	敲打钢板时所产生的噪声，对人们的听觉有不利的影响，重者会损伤耳膜，所以应戴耳塞	
手的保护	为避免溶液、底漆及外层涂料对手的伤害，需戴安全手套进行操作。洗手时选用适合的清洁剂，千万不能用稀料洗手	
脚的保护	在喷漆作业时，应穿带有金属脚尖衬垫和防滑的安全工作鞋。金属脚尖衬垫可以保护脚趾不被落下的物体砸伤	
身体的保护	在维修作业时应依照规定穿着工作服。在喷漆场地应穿清洁的修车工作服，这类工作服面料不起毛，不会影响漆面质量。脏的、被溶剂浸过的衣服会残留一些化学物质，会对皮肤产生影响，未经允许不能穿上。工作服的上衣应是长袖的。工作裤要有足够的长度，能盖到鞋头为好	

1.2.2.3 紧急情况处理

（1）涂装工具与设备的安全使用　涂装车间常用的工具设备主要包括电动工具、气动工具和一些大型设备等。正确使用涂装工具和设备是安全生产的根本保证。使用涂装工具与设备基本的安全注意事项如下。

① 手动工具要保持清洁和完好。应经常清洁工具，检查它们是否存在破损，以免使用时发生机械事故，伤及人身。

② 使用锐利或有尖角的工具时需小心，以免不慎划伤本人或划伤汽车表面。

③使用电动工具之前应检查是否接地，检查导线的绝缘是否良好。操作时，应注意绝缘。不得使用无保护装置的电动设备。

④电动工具的电路开关处于断开位置后，方可接通电源。电动工具使用完毕，应切断电路，拔下电源插头。

⑤必须让电动工具停止转动后，方可清理电动工具在工作时所产生的切屑或碎片，严禁在转动过程中用手或刷子去清理。

⑥用气动或电动工具从事打磨、修整或类似作业时，必须戴安全镜。

⑦气动工具必须在规定的压力下工作。当喷嘴处于末端时，用来吹除灰尘的压缩空气的压力应保持在200kPa以下。

⑧只有经过训练的工人方可在涂装岗位上进行作业。

（2）安全操作规程　安全操作规程是在生产过程中确保工作人员作业安全和工具设备使用安全的规定。汽车涂装多数在充满溶剂气体的环境中作业，不安全因素较多。为了保障生产安全，操作者必须熟知汽车涂装的作业特点以及工具设备的合理操作方法。

①涂装人员安全操作规程。

a.操作前根据作业要求，穿好"三紧"或连裤工作服及鞋子，戴好工作帽、口罩、手套、鞋罩和防毒面具。

b.操作场所需通风良好。

c.在用钢丝刷、锉刀、气动或电动工具进行表面处理时，应戴防护眼镜，以免眼睛受伤；粉尘较多时应戴防护口罩，以免呼吸道感染。

d.用碱液清除旧漆膜时，必须戴乳胶手套、防护眼镜，并且穿戴涂胶围裙和鞋罩。

e.剩余涂料和稀释剂等应妥善保管，避免挥发。

f.登高作业时，凳子要放置平稳，注意力要集中，切勿说笑打闹。

g.喷涂结束后，将设备工具清理干净并妥善存放，操作现场应保持清洁，用过的残漆、废纸及废砂纸等要扔到垃圾箱内。

②空气压缩机安全操作规程。

a.空气压缩机应设专人使用和管理。

b.使用前仔细检查空气压缩机、电动机及其控制装置，开动后应试转一下，一切正常后方能投入使用。

c.空气压缩机要按规定程序启动，启动后应认真检查其运转状况并观察气压表读数，发现异常应立即排除。

d.在工作中禁止工作人员与其他人员闲谈或随意离开机房，以免发生事故。

e.非专业管理人员禁止随意开动机器。

③电动、气动工具安全操作规程。

a.检查各部件外部安装是否牢固、紧固连接是否可靠、电缆和插头有无损坏、开关是否灵活等。

b. 尽可能使用220V电源，必须用380V电源时，应确保地线连接可靠。

c. 使用前需检查所用电压是否符合铭牌规定。

d. 接通电源空运转，检查有无异响。

e. 使用中若发现异常现象（如火花、异响、过热、冒烟或转速过低等）应立刻停止使用，并由专业维修人员进行检修（不得擅自拆卸）。

f. 电动、气动工具应及时维护，以保证其清洁及可靠润滑。

g. 电气设备与元件需存放在干燥处，以防受潮与锈蚀。

h. 使用气动工具时，应避免连接不牢而造成空气损失和人身事故。

i. 工具必须在关闭并完全停稳后方可放下，转动着的工具不得随处放置。

j. 使用砂轮时，身体应避开其旋转的方向，工件要轻轻接触砂轮，避免事故的发生。

④ 用电安全操作规程。

a. 涂装车间照明设备需做防爆处理，工作灯必须应用36V的安全电压。

b. 室内开关应用防爆开关，操作要灵活轻便。

c. 大功率电器插座应为防爆插座。

d. 空调开关、普通开关、配电箱应安装在操作间外。

⑤ 喷漆、烘漆房安全操作规程。

a. 喷漆、烘漆房内禁止进行喷涂以外的作业。

b. 按照说明书规定使用和保养喷漆、烘漆房，并由专人管理。

c. 定期更换过滤材料。

d. 定期清除风道内的漆尘及脏物。

e. 进行喷漆时应先开动风机。

（3）**安全防火技术**　汽车修补涂装作业的火灾危险性大小和所使用的涂料种类、用量、涂装场所的条件等有关。爆炸与火灾事故的发生会造成生命及财产的严重损失，影响生产的正常进行。从事涂装的单位及个人必须高度重视防火安全。

① 涂装产生火灾和爆炸事故的外因。

a. 气体爆炸。因为喷涂车间或喷漆烤漆房空间太小，加上换气不良，充满溶剂蒸气，在达到爆炸极限时遇到明火（火星或火花）就爆炸。

b. 电气设备选择不当或损坏后未及时维修。照明工具、电动机、开关及配线等在危险场合应用，在结构上防爆考虑不充分，有产生火花的危险。

c. 废漆（或溶剂）、漆雾沫、废遮盖物、被涂料和溶剂污染的废抹布等保存不善，堆积在一起发生自燃。

d. 不遵守防火规则，防火安全意识淡薄，在涂装现场使用明火或吸烟。

② 易燃性溶剂的危害。火灾危险性随溶剂的种类与溶剂在涂料中含量的不同而异。衡量溶剂的爆炸危险性及易燃性可以从闪点、自燃点、蒸气密度、爆炸范围、

挥发性、扩散性和沸点等溶剂特性来判断。

a.闪点：可燃性液体蒸气与空气形成可燃性混合气体，遇明火而发生闪电式燃烧，这种现象称为闪燃，引起闪燃的最低温度称为闪点。在闪点以上，可燃性液体就容易着火。闪点在常温以下的液态物质，具有非常大的火灾危险性。

根据闪点，可区分涂料和溶剂的火灾危险性等级，通常划分为以下3个等级。

一级火灾危险品：闪点在21℃以下，极易着火。

二级火灾危险品：闪点在21～70℃之间，不易着火。

三级火灾危险品：闪点在70℃以上，难着火。

b.自燃点：不需借助火源，只需达到自发着火燃烧的最低温度即自行燃烧的温度称为自燃点，它比闪点高得多。

c.蒸气密度：易燃性溶剂的蒸气通常比空气重，有积聚在地面或低处的倾向。所以，换气口必须设置在接近地面处。

d.爆炸范围：由可燃性气体或蒸气与空气混合形成爆炸性混合气体，点火即可爆炸。可燃性气体、蒸气的种类不同，这种混合气体的成分比例也不同。发生爆炸的最低浓度（用体积分数表示）称为爆炸下限，最高浓度称为爆炸上限。在上限与下限之间都能发生爆炸，爆炸范围越宽，爆炸下限越低，危险性越大。为保证安全，易燃气体和蒸气的浓度控制在下限浓度的25%以下。除上述特性外，在考虑危险性时还应注意挥发性、扩散性和沸点。

③ 粉尘爆炸。有些颜料（如铝粉、有机颜料）、漆雾粉尘以及各种粉末涂料等属于易燃性粉末，当这些粉末在空气中形成一定浓度时，遇到明火就会发生爆炸和火灾。粉末颗粒相互摩擦或与其他物质表面摩擦会产生静电荷，在一定条件下积聚的电荷放电也会造成粉末着火或爆燃。

一般粉末涂料中的粉末爆炸下限浓度为$50g/m^3$，环氧树脂型粉末涂料的爆炸下限浓度为$30g/m^3$，聚乙烯粉末为$25g/m^3$，而且粉末的粒度越细，粉尘爆炸下限浓度越低。所以，无论在调配粉末状涂料，还是在涂装过程中，均应严格控制工艺规程和操作方法，避免粉末的摩擦，防止高温、火花、明火、静电积聚及放电，以免发生爆炸事故。

④ 防火安全措施。汽车修补涂装时，一般采取以下防火措施。

a.汽车修补涂装车间属于火灾危险区，需采取相应的消防措施，一般应设置在厂房的一侧，并用防火墙与其他车间隔开。

b.汽车修补涂装车间的所有构件都应尽可能多地采用防火性能好的材料。

c.所有的电气设备和开关均应有防爆装置，电源应设置在防火区以外。

d.涂装车间的所有金属设备均应接地可靠，防止静电积聚和放电。

e.涂装车间内严禁烟火，不能带火柴、打火机等火种进入车间。

f.涂料应放置在远离工作区的地方，工作区最多保留一天的用量。

g.擦过溶剂和涂料的棉纱、破布等应保管在专用的带盖铁箱中，并应及时处理掉。

h. 禁止向下水道倾倒易燃溶剂和涂料。

i. 在涂装过程中应尽可能避免敲打、碰撞、冲击、摩擦等动作,以免产生火花或静电放电而引起着火。

j. 喷漆需在专门的喷漆房内进行,喷漆房、烘干室等应符合防火安全技术要求。

⑤ 汽车涂装车间的灭火方法。灭火的方法多种多样,但其基本原则是下列三个方面。

a. 移去或隔离火源,使之熄灭。

b. 隔绝空气(即切断氧气),例如将二氧化碳气体直接喷射到燃烧物体上。

c. 用冷却法使被燃烧物体的温度下降到着火点以下。

涂装修补车间的技工均应熟知防火安全技术知识、火灾类型及灭火方法,会应用各种消防工具,一旦发生火灾,特别是在电器附近着火,应立即切断电源,以防火势蔓延和发生电击事故。当工作服着火时不要惊慌失措,应就地打滚将火熄灭。

常用的灭火器类型及适用范围见表1-6。

表1-6 常用的灭火器类型及适用范围

灭火器类型	药液化学成分	适用范围
酸碱式	硫酸、碳酸氢钠	适用于非油类及电器起火
泡沫式	硫酸铝、碳酸氢钠	适用于液体溶剂、涂料类失火
高倍数泡沫	脂肪醇、硫酸钠加稳定剂、抗燃烧剂	适用于火源集中的火灾
二氧化碳	液态二氧化碳	适用于电器失火
干粉灭火	碳酸氢钠等盐类,并加有适量润滑剂和防潮剂	适用于扑救涂料类、可燃气体和遇水燃烧等物品的初期起火
四氯化碳	液态四氯化碳	适用于电器失火
1211	CF_2ClBr	适用于油类、有机溶剂、高压电气设备、精密仪器等

常见燃烧物及灭火方法见表1-7。

表1-7 常见燃烧物及灭火方法

燃烧物	火灾初起时的灭火方法	原理
有机纤维类普通燃烧材料(如擦漆用的废纱头和破布之类)	用黄沙扑火 用水或酸碱泡沫灭火器扑火	起冷却降温、隔离空气的作用

续表

燃烧物	火灾初起时的灭火方法	原理
有机溶剂、涂料类不溶于水的燃烧性液体（如稀释剂、清油、清漆、色漆之类）	用二氧化碳灭火器扑火 用泡沫灭火器和石棉毯压盖	隔绝空气
有机溶剂（如醇和醚类可溶于水的燃烧性液体、乙醇、丁醇、丁醚等）	用湿抹布扑灭 将容器盖严	隔绝空气
在电气设备、仪器上或附近燃烧（如空气压缩机、静电设备等仪器仪表）	用四氯化碳或二氧化碳灭火器扑火	蒸气密度比空气重，可在物体上形成隔绝空气的气体及冲淡氧气的作用，但只能用于通风之处，因其蒸气有毒

灭火器的使用方法见表 1-8。

表 1-8　灭火器的使用方法

步骤、作业内容及技术要求	图解
把灭火器手柄上的保险销拔出。拔出保险销之前灭火器喷嘴禁止对着人	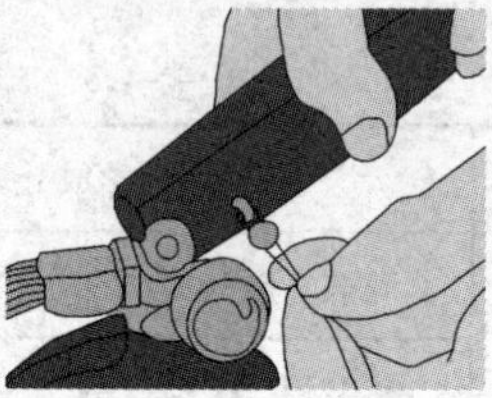
灭火器的喷嘴对准火焰的底部。灭火器距离火焰底部大约 3m，不得靠得太近或太远	
用力压下灭火器的手柄，灭火剂喷射而出；松开手柄，灭火器即停止喷射。右手压下灭火器手柄时，左手应如右图所示握住输送管道，以免误伤自己	
移动喷嘴前后吹扫火焰的底部。灭火时不能逆风灭火	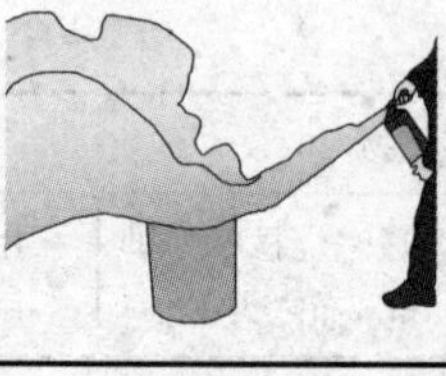

续表

步骤、作业内容及技术要求	图解
火焰扑灭后不得靠近，应仔细观察，因为火焰可能复燃。火焰完全熄灭后，清理现场	

第 2 章
汽车钣金工艺

2.1　钣金常用量具及工具

2.1.1　常用量具

常用量具见表 2-1。

表 2-1　常用量具

（1）游标卡尺　游标卡尺是一种可以直接测量工件内外直径、宽度、长度或深度的量具。按照测量功能可分为普通游标卡尺、深度游标卡尺、带表卡尺等；按照读数值可分为 0.02mm、0.05mm 等几种	（2）游标深度尺　游标深度尺是用于测量工件的凹槽或不通孔深度的专用量具。其刻度原理与游标卡尺相同。精度也有 0.1mm、0.05mm 和 0.02mm 之分

续表

（3）游标高度尺　游标高度尺用于测量工件高度尺寸和划线。其构造原理、读数方法与游标卡尺相同。它由底座、主尺、框架、游标、精调装置、划线脚、测高脚及圆杆等组成 	（4）万能角度尺　万能角度尺是用于测量精密零件内外角度或进行角度划线的角度量具。它包括刻有基本角度刻线的尺座（由直尺、基尺和角尺构成）、固定在扇形板上的游标等。扇形板能够在尺座上回转移动（有制动器），形成与游标卡尺相似的游标读数机构 

2.1.2　电动工具

电动工具见表2-2。

表 2-2　电动工具

（1）手电钻　电钻是以电为动力的手持式钻孔工具，电源电压通常为220V，其尺寸规格有3.6～13mm多种。手提式手电钻可钻厚度较大的金属板料，而枪式手电钻常用来钻较薄的板料 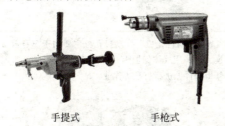 手提式　　　　手枪式	（2）手提砂轮机　手提砂轮机主要用于磨削较难在固定砂轮机上磨削的零件，例如发动机罩、驾驶室、翼子板及车身蒙皮等经过焊修的焊缝，可使用手提砂轮机磨削平整。手提砂轮机有电动与风动两种类型。按砂轮直径分，常用的规格为150mm、80mm、40mm三种 

（3）圆盘抛光器　圆盘抛光器有电动和风动两种，多用于轿车和大客车钣金件修理后的抛光

正确的抛光方法如下图所示。使抛光盘的1/3表面与被加工表面接触进行研磨效果最佳。若抛光盘与研磨面接触角度过大，则抛光盘只有小部分与金属板发生强力研削，会留下粗糙的加工面；当抛光盘和研磨面平行接触时，又将因研磨阻力大而造成动作不稳，并且会留下凹凸不平的加工面

抛光盘经研磨作业而使其外侧磨料慢慢脱落，脱落后可采用适方法去掉外侧磨损部分，减小抛光盘的尺寸后继续使用。另外，在研磨小的凹坑处或带孔部位时，能使抛光盘沿"8"字形轨迹运动

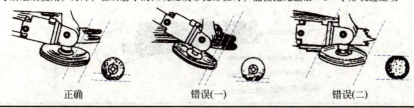

正确　　　　　错误(一)　　　　　错误(二)

2.1.3 气动工具

气动工具是指用压缩气体作为动力的工具,又叫作风动工具。气动工具操作简单,它通过操作供气阀手柄和调整调节阀进行工作,具有适合长时间工作而不会出现发热的优点。常用气动工具见表2-3。

表2-3 常用气动工具

(1)气动锯 气动锯在汽车车身钣金修复过程中的主要作用为下料、切断、修整、剪切外形等。气动锯一般可以剪切玻璃钢、塑料、薄铁板、薄钢板、铝板及其他金属材料钣金件 	(2)气动点焊钻 气动点焊钻用来钻出点焊孔,也用于拆除钣金件的焊点 
(3)气动扳手 气动扳手主要利用压缩空气提供持续的动力源,从而可以获得比较大的力矩输出 	(4)气动角磨机 气动角磨机外形结构有很多种,适用于除锈及去油漆等钣金修复作业 
(5)气动錾 气动錾也叫气动凿,适用于拆卸钣金件,也可用于更换钣金附件时进行切割和其他工作 	(6)气动打孔机 气动打孔机主要用于车身钣金件更换,方便用气体保护焊、塞焊等方法连接钣金件时,在新钣金件上进行打孔等作业 
(7)气动锉 气动锉主要用于精加工切割后的车身钣金件的对接位置,操作简单便捷 	

2.1.4 凹陷拉拔工具

凹陷拉拔工具是事故汽车修理作业的常用工具，利用凹陷拉拔工具对车辆的凹陷损伤部位进行修复，具有操作简单和修复速度快等特点。常用的凹陷拉拔工具见表2-4。

表 2-4　常用的凹陷拉拔工具

（1）凹陷拉拔器　凹陷拉拔器，即传统的惯性锤，一般带一个螺纹尖头和一个钩尖，通常情况下要求在皱褶处钻出或冲出一个或多个孔。拉拔时将螺纹尖头拧入所钻的孔，用滑锤轻轻敲打手柄，慢慢地将凹陷拉平 	（2）手动拉拔工具　手动拉拔工具与凹陷拉拔器一样，把它插进钻出的孔里，即可将较小的凹陷或皱褶拉平，而要拉平较大的凹陷，则要同时用三个或四个手动拉拔工具。手动拉拔工具可与钣金锤一同使用，同时敲击和拉拔使车身钣金件恢复到原来的状态 
（3）气动拉拔工具　气动拉拔工具主要用于大凹陷的修复，用吸盘吸在凹坑的中心并拉起，就能使其恢复到原来的形状而不损伤漆面，也不需再进行表面修整 	（4）真空吸盘　真空吸盘是一种简单而快速修复浅凹坑的工具，操作时仅需将吸盘吸在凹坑的中心并拉起，凹坑处即可恢复到原来的形状而不损伤漆面，也不需再做表面修整 
（5）强力拉拔工具　强力拉拔工具主要是为较强硬板件而设计的，采用简单的顶拉原理，配有多种支脚，可根据不同位置进行组合，便于拉拔；可以任意调节拉拔幅度；具有锁止功能，可以同时进行其他动作；拉拔力量够强，基本满足车身外钣金件的快速拉拔维修 	

2.1.5 车身整形工具

2.1.5.1 钣金锤

车身维修中使用多种规格及样式的钣金锤，分别用于金属加工中的校正和粗加工、精加工以及特殊用途。粗加工包括重新定位或校直汽车车身、零部件的内部形状及车身加强件，用于把车身已经撞变形的部分重新敲平。精加工通常指敲平粗加工后遗留的小凹坑，使表面平整。常用的钣金锤见表 2-5。

表 2-5 常用的钣金锤

（1）重头锤　金属粗加工时，用于平整金属表面，敲平焊点和焊缝，粗平很皱的金属面，以及初步校直较重的金属板 	（2）轻头锤　尺寸和形状与重头锤一样，但重量较轻，通常用于金属精加工、在车门处折边等 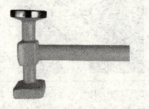
（3）双圆头锤　轻型锤的一种，在车身维修中，通常用于粗加工挡泥板、车门或柱杆顶部等，以及敲平车门的折边和校正定位夹等 	（4）短头风镐　短头风镐用于进行金属表面的精加工，敲平粗加工后留下的小凹坑，从而使表面平整。短头风镐一头为圆形，另一头是尖形，用在如前挡泥板等这些操作困难的部位，进行轻度的凿和金属加工以及收缩金属面 
（5）长头风镐　一头为长的圆形尖头，另一头为圆形平头，主要用于进行薄钢板粗加工后的校直工作和精加工时凿平局部的小凹点等工作。长头风镐严禁在金属粗加工中使用 	（6）直凿风镐　用于修理挡泥板，复原轮缘、饰条、大灯内框和发动机盖等，尤其是在车身钣件安装和条形结构件的焊接过程中手工修整板件的边缘及做凸缘时常用到该工具 

续表

（7）弯凿头镐　用于对车轮轮缘、装饰件、挡泥板凸缘及柱杆顶部外缘等处的有棱角区域进行校直和精加工，还能够用于弄平那些被车身的支撑件或框架构件所遮挡的凹陷

（8）长镐　长镐的尖形头非常长，常用于加工挡泥板、车门的后顶盖侧板上的凸起

（9）曲面轻击锤　用于拉直和校正一些凹陷曲面，例如挡泥板、前照灯、车门及后顶盖侧板的凹陷等

（10）挡泥板专用锤　该锤专门用于粗加工某些高隆起的金属面

（11）尖锤　方形锤面用在粗加工和校直工作中，可以大力度锤击修理区；尖头锤面能用于校直直角的车架元件、保险杠、保险杠托架等直条状结构件

（12）圆头锤（球头锤）　有多种重量和尺寸规格。球形锤面用于敲击和校正金属部件，以及敲平铆钉的头部；圆形锤面能够用于进行所有的手工钣金加工

（13）铁锤　铁锤的重量和体积大，常用于处理大强度的钣金件，例如用于校正和拉直重量较大的车身内部结构，以及校正架、横梁、重型车身和保险杠支撑、支架等

2.1.5.2 顶铁

顶铁由高强度钢制成，和铁砧一样，用在粗加工和锤击加工中，能够用手握持，顶在被敲击金属板的背面。如果从板件正面用锤敲击时，顶铁会产生一个反弹力。每次敲击后，都应重新定位。这样，通过锤和顶铁的配合工作使凸起的部位下降，使低凹的部位隆起。常用的顶铁见表2-6。

表 2-6　常用的顶铁

（1）通用顶铁　该顶铁有多种隆起，能够用于粗加工挡泥板的隆起部分和车身的不同曲面；校正挡泥板凸缘、装饰条和轮缘；收缩平的金属面与隆起的金属面；修正焊接区等	（2）低隆起顶铁　由于这种顶铁的重量大，而且很容易控制在平面金属板上，因此，常用于使金属板减薄和使薄的金属板收缩。能够用于对车门内侧、发动机罩、挡泥板的平面和隆起面以及柱杆顶部进行钣金加工

（3）足跟形顶铁　用于在板件上形成较大形状的凸起，校直高隆起或低隆起的金属板、长形结构件和平面板件	（4）足尖形顶铁　这是一种专门设计的组合平面顶铁，用于收缩车门板、挡泥板裙板、柱杆顶部和汽车各种盖板，也能用于在挡泥板的底部形成卷边和凸缘。该顶铁尤其适合于粗加工金属板件，是因为它的一个面非常平而另一面却微微隆起。但是，使用该顶铁时，不应过度锤击

2.1.5.3 撬镐和冲头

当损坏的车身板件已经通过校正、拉直等粗加工后，如果表面仍存在一些小的不规则麻点或小凹点，且用常规的工具（如镐、锤）无法去除时，就应选用撬镐和冲头进行精加工。

（1）撬镐　撬镐适用于钣金面的内侧等狭窄而顶铁较难伸入的部位，它能够伸入狭小的空间内，撬起小的凹痕和沟缝。常用的撬镐见表2-7。

表 2-7 常用的撬镐

①小弧度撬镐。端部是一个小弧度的镐头，U形端是把手。用在车门、车门槛板和后顶盖侧板等处。使用时，将撬镐通过板件上的孔穿入结构内部，让镐头对准板件上小的凹点，在手把上用力撬即可 	②大弧度撬镐。与小弧度撬镐形状相似，但镐头长。用在需要较长镐头方能达到凹痕的情况下 

（2）冲头（表2-8）

表 2-8 冲头

①弯头精修冲。用在通常工具较难达到、需要弯曲工具才能触及的地方，例如车门立柱、顶盖横杆、车门板的外侧部位及车门槛板等	②钩头精修冲。用于能在板件损坏部位附近打孔，使钩头精修冲塞入的地方也用于把车门窗框处的板件和后备厢板件凹陷的地方撬起的情况

2.1.5.4 修平刀

修平刀多用于抛光表面。修平刀能够把敲打力分布到一个较大的区域上，从而快速把隆起敲平，并且不损坏板件的其他部位，操作时与锤子配合应用。把修平刀直接置于隆起表面处，用锤子敲打修平刀即可，如图2-1所示。其平直表面把敲打力分布在宽的表面上，可将被光整加工的表面的皱褶和凸起修平。修平刀也可用于敲平操作空间有限部位的小凹痕，能够在结构的内外板件之间且操作空间有限而无法选用普通顶铁的情况下用作顶铁。

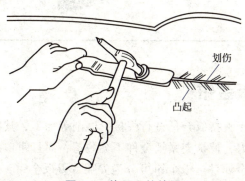

图 2-1 修平刀的使用

2.1.5.5 锉刀

锉刀是用于修整锤、顶铁、修平刀等钣金工具作业遗留的凸凹不平痕迹的钣金专用工具。常用的锉刀见表 2-9。锉刀只与凸起金属材料接触，适用于对加工后较粗糙的表面进行光洁处理作业。此外，利用锉刀还能检验钣金平面修复是否平整。在撞伤板件已经被粗加工后，可略微地使用锉刀修整，目的不是锉掉金属，而是通过锉痕找出凹凸处的位置，显露出板件上需要再加以锤击的小的凸点和凹点，以便于再用手锤和顶铁来修复使其平整。

表 2-9 常用的锉刀

(1) 柔性锉刀 被撞伤板件经粗加工与校正工作完毕后，可用柔性锉刀使板件上任何需加工的凹凸点显露出来。不管板面是平面或是凹凸面，柔性把柄均能够调整锉刀片的弯曲度，让锉的形状更好地配合板面的形状。但是不得让锉刀片过度弯曲，防止把锉刀片折断。调整锉刀片前，需先松开把柄上的固定螺钉；调整完毕后应拧紧 	(2) 固定式锉刀 该锉刀是锉平金属板的理想工具 
(3) 弧形锉刀 也称为曲面锉刀，用于修整尖的隆起面、折边及装饰条的平直程度 	

2.1.5.6 钣金钳

钣金钳主要用于夹持钣金件进行焊接、磨削等加工，其特点为钳口可以锁紧并产生很大的夹紧力，使被夹紧钣金件不会脱落，而且钳口有很多挡调节位置，可适用不同厚度的金属件。钣金钳可分为尖嘴带刃钣金钳、焊接用钣金钳、C 形钣金钳、铁片钣金钳等（表 2-10），使用时根据需要进行选择。

表2-10 钣金钳

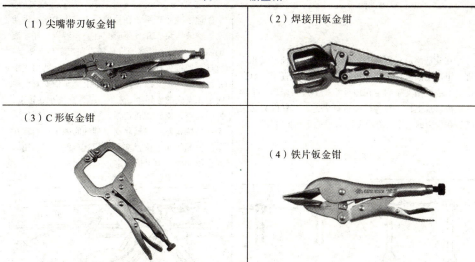

（1）尖嘴带刃钣金钳
（2）焊接用钣金钳
（3）C形钣金钳
（4）铁片钣金钳

2.2 车身校正

2.2.1 车身校正系统

2.2.1.1 地框式校正系统（表2-11）

表2-11 地框式校正系统

① 地框式校正系统是将框轨埋藏在地下，在框轨上安装自锁式锚固锁，通过三点式拉具，用铁链将车身拉出

② 地框式有单框与单框加附加框两种。附加框可以根据实际需要增加

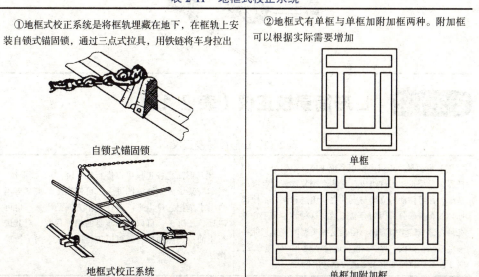

自锁式锚固锁

地框式校正系统

单框

单框加附加框

③在建造维修车间地面时就要将地框系统的锚孔或轨道用水泥固定在车间地板上,车辆可以直接在地框系统上或应用支架固定在地框系统上进行修理。车辆在地框系统上校正拉伸时应进行固定,其紧固力必须满足在拉力的大小及方向上同时保持平衡的要求

④地框式校正系统在拉伸校正操作中配以手动或气动液压泵,并且还应配有一些液压顶杆(液压油缸)。用一根链条将顶杆连在汽车和支架上,通过支架把顶杆与链条支承在槽架上。利用支承夹钳,将汽车支撑在汽车台架上。车辆要安全地固定在支座的夹钳上,链条一端连在支承夹钳上,另一端钩住支架或轨道板,使用链条拉紧器拉紧(链条拉紧器可以消除支承链的间隙)。通常在车身下部的四个位置都要进行这样的固定,使车辆在拉伸校正中保持稳定

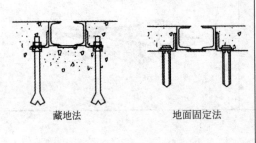

藏地法　　　　　地面固定法

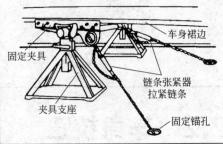

车身裙边
固定夹具
链条张紧器
拉紧链条
夹具支座
固定锚孔

⑤在拉伸时需要将液压顶杆装在顶杆座上,以便液压顶杆可以在需要的方向上施力。液压顶杆升到需要的高度,将链条拉紧并锁紧链条,链条钩在支架上。支架、液压顶杆及汽车上的拉伸点必须和牵拉方向成一条直线。将液压泵和液压顶杆连接,并把空气软管连接到气动液压泵上,启动液压泵,使链条拉紧,接下来,即可进行牵拉校正

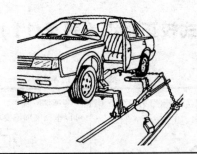

2.2.1.2　L形简易校正仪(表2-12)

表2-12　L形简易校正仪

①L形简易校正仪由校正系统主体、牵引小车(拉杆器)及校正架附件组成。它的牵拉装置装配有液压系统,在可移动的立架与支柱之间用链和夹钳牵拉被损坏的车身部分。因为容易搬运,这种装置易安放在损伤部位的牵引方向。但是这种类型的装置只能在一个方向上拉拔,所以,它只适合一些小的碰撞修复,对于复杂的碰撞变形无法进行精确的修复

②L形简易校正仪可以进行拉、顶、压、拔操作。当车身某个方向被撞凹进去,可使用工具夹紧再用牵引小车把它拉出来。若在某方向凸出来,也可以顶、压进去。可以根据车身的损坏程度,对其进行正面拉、侧面拉,还可以进行向上拔、向下拉等操作

续表

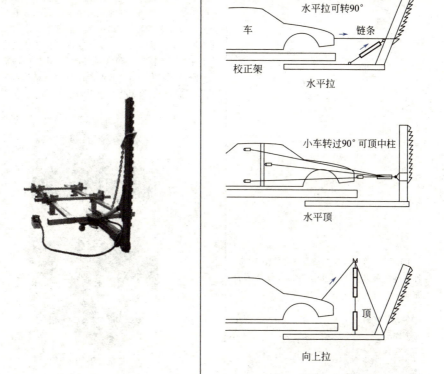

2.2.1.3 平台式车身校正仪

平台式车身校正仪是一款通用型的车身校正设备（图2-2），能够对各种类型、型号的车身进行有效校正。平台式车身校正仪各部件介绍具体见表2-13。

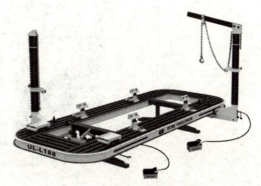

图2-2 平台式车身校正仪

表 2-13　平台式车身校正仪各部件介绍

（2）上车系统及平台升降系统　通过上车系统与平台升降系统可以把事故车放置在校正平台上。上车系统包括上车板、拖车器、车轮支架、拉车器（牵引器）等。通过液压升降机构将平台升起到一定的工作高度。平台的工作高度有固定和可调式的，固定式的通常为倾斜式升降，高度为 500～600mm；可调式的通常为整体式升降，高度一般为 300～1000mm

上车板

拖车器和车轮支架

（1）平台　平台是车身修复的主要工作台，拉伸校正、测量、板件更换等工作均在平台上完成

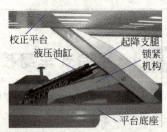

平台升降系统(一)

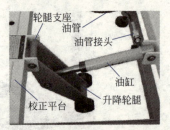

平台升降系统(二)

续表

（3）液压系统　车身拉伸校正工作是通过液压的强大力量来将车身上的变形板件拉伸到位。校正仪上的气动液压泵或电动液压泵，通过油管将液压油输送到塔柱内部的油缸中，推动油缸的活塞顶出。气动液压系统通常是分体控制的，而比较先进的电动液压系统通常是集中控制的，由一个或两个电动泵来控制所有的液压装置，这样效率更高，故障率更低，工作更平稳

（4）主夹具　维修前，固定在平台上的主夹具将车辆紧固在平台上，车辆、平台及主夹具成为一个刚性的整体，车辆在拉伸操作时无法移动。为满足不同车身下部固定位置的需要，主夹具结构包括多种，双夹头夹具可以夹比较宽的裙边部位，避免拉伸中损坏夹持部位；单夹头夹具的钳口很宽，可以夹持车架。对于一些特殊车辆的夹持部位有特殊的设计，例如有些车没有普通车的电焊裙边，如奔驰或宝马车就需要专门的夹具来夹持

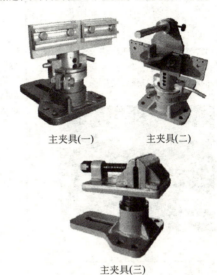

（5）钣金工具　钣金工具包括各种对车身各部位拉伸的夹持工具

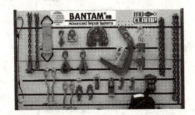

（6）塔柱拉伸系统　损坏板件的拉伸操作是通过塔柱完成的。塔柱内部有油缸，液压油推动油缸活塞，活塞推动塔柱的顶杆，顶杆伸出塔柱的同时拉动链条，在顶杆的后部有链条锁紧窝将链条锁住，通过导向环把拉力的方向改变成需要进行拉伸的方向。导向环利用摩擦力卡在塔柱上

2.2.2 车身校正技术

2.2.2.1 车身前部碰撞损坏的校正

（1）车身校正前的准备工作（表2-14）

表2-14 车身校正前的准备工作

①一辆左前部严重受损的汽车需要校正修复。首先需根据测量和损坏分析的结果来制定完善的碰撞修理程序（工艺），然后按照已经制定好的程序完成车身修理操作

②根据碰撞的位置及碰撞力的方向检查车身。车辆的左前部受到和车对角线方向平行碰撞力的损伤。它的左前部横梁、前挡泥板及左侧纵梁损坏严重，需要进行更换。前保险杠总成、水箱框架、水箱、发动机罩、左前翼子板损坏严重需要更换。而另一侧的前翼子板、前挡泥板、纵梁和左侧车门等可能仅是受到左前部严重碰撞的影响，损坏并不严重，只进行修复即可

③对于整体式车身而言，车辆前部受损，碰撞力有可能传到车身的后部，导致挡风玻璃立柱、车顶框架等车身框架变形。在驾驶室内部也可看到左侧车门立柱内部内饰件错位的情况，说明该处立柱已经变形

A柱产生褶皱

仪表台下部错位

④通过碰撞位置能够分析出车身的左前方受到碰撞，水箱框架和前纵梁均受到严重损坏，前柱也向后变形，因此需要按照与碰撞方向相反的方向对左侧纵梁及前柱进行牵拉，在前柱尺寸恢复后，再将需要更换的左前纵梁拆除。然后，修理右侧挡泥板与纵梁。需要修理一侧的整个挡泥板或纵梁可能只在右边或左边略有弯曲，在纵向方向没有变形

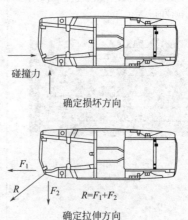

碰撞力

确定损坏方向

$R = F_1 + F_2$

确定拉伸方向

（2）拆卸妨碍工作的部件（表2-15）

表 2-15　拆卸妨碍工作的部件

①拆卸变形严重的发动机罩和左前翼子板，以及大灯、保险杠、保险杠支撑，发动机室左侧阻碍修复操作的机械部件也需拆卸。由于左侧前纵梁已经后移使车内地板隆起，对于仪表台、方向盘等也应进行拆卸，方便进行校正	②减振器支座后移严重，导致左前轮卡死无法转动，需要将其拆卸更换上合适高度的支架，在支架下垫上移动拖车器，有利于事故车辆的上平台操作
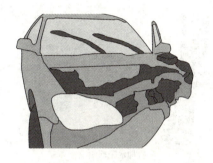	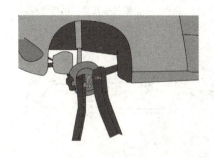

（3）事故车在平台上的定位（表2-16）

表 2-16　事故车在平台上的定位

①事故车上平台的操作。在车辆上平台之前应清除平台上以及平台与车辆之间的其他物品，防止影响上车操作。根据校正设备的升降类型，将平台一侧倾斜或整体降到最低高度，用手动或电动拉车器把车辆拉到平台上的合适位置。由于事故车重点是维修前部区域，因此车辆在平台上的位置要稍靠前一些	②确定测量基准。车辆上到平台上后，首先是找好车身及测量系统的基准，其次就是在校正平台上定位。由于测量工作要贯穿整个车身的维修过程，特别是使用机械式测量系统时，车辆在固定前一定要找好测量的三个基准。车辆在拉伸的过程中禁止移动。如果使用全自动电子测量系统则不需要进行测量基准的找正，因为计算机可以自动找到测量的基准
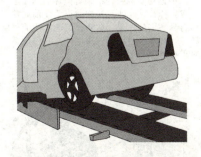	

续表

③固定车辆。对于整体式车身，必须用多点固定的方式，最少需要4个固定点。根据车身结构及拉伸的部位，有时或许还需要其他的固定点。将主夹具夹持在车身下部点焊裙边的位置，通过调节主夹具的高度将车身调整水平，并且与校正台之间留出充足的操作空间。车身位置调好以后，将主夹具紧固，确保车身、主夹具和校正平台之间刚性连接，无位移。在对车身坚固部件进行拉伸操作时，最好在与拉伸相反的方向给予一个辅助牵拉装置以抵消拉伸的力量，防止夹持部位的部件损坏

④继续拆除妨碍测量和拉伸的零件。由于前横梁变形严重导致水箱等零件无法拆卸，需要对水箱框架进行预拉伸，有一定的操作空间后把水箱框架切除，可以用等离子切割枪切除水箱框架及左纵梁前部损坏部位。然后将水箱拆卸下来，接着把发动机的相关部件拆除

右侧水箱框架的拆除可以使用焊点去除钻切割焊点，分离板件。对于左侧纵梁和挡泥板应保留，因为需要通过拉伸这些部位来校正前立柱的变形，当把前立柱的变形拉伸校正好后，才可将其切割更换新件

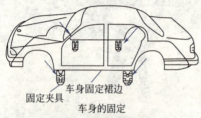

车身的固定

拉伸水箱框架

主夹具对车身和平台进行固定

切割左侧水箱框架　　切割右侧水箱框架

（4）事故车的测量

① 初步测量（表2-17）。

表2-17　初步测量

a.对碰撞部位附近的车身形状进行简单的测量，例如通过对左前门框的测量可以知道，前立柱后移造成挡风玻璃立柱向上拱曲，门框变窄，因此车门无法关严	b.根据初步测量的结果对损坏的部位进行大致拉伸校正。通过拉伸前纵梁使前立柱变形得到一定的恢复，达到车门能关闭的程度即可。接下来需要用三维电子车身测量系统对车身进行准确的测量
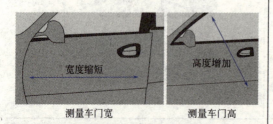 测量车门宽　　　　测量车门高	

② 精确测量（表2-18）。

表2-18 精确测量

a. 按照测量系统的使用方法来对车身进行整车检查，对变形部件进行测量，还应知道受损板件变形的方向和大小。将测量系统安装好，选择合适的车型及测量模式。因为车辆的前部受到损伤，所以测量的基准点应选择后部右侧基准点 B，根据提示选择合适的测量探头 C30 和加长杆 E100。然后将测量探头、加长杆及传感器安装到测量点上，按同样的方法安装其他测量点的传感器 删除发射器　　发射器编号 测量点名称：B右有悬架 选用：C30，E100	b. 因为整体式车身结构的前端有碰撞吸能区，在一定的碰撞损伤情况下，这些区域能够将碰撞的动能转化为变形的机械能，确保其他部位的完好。但是如果碰撞超过吸能区的能力范围，碰撞力就会通过地板纵梁、门槛纵梁、上部车身框架向车身后部传递，引起车身后部的变形。所以在测量时，车身后部尺寸也需测量。通过测量知道事故车的变形主要集中于左前部，车身后部变形尺寸小于 3mm，在允许的变形范围内，只要将车身左前部拉伸到规定尺寸即可 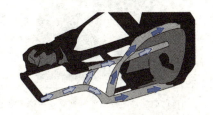

（5）对损伤部位拉伸校正（表2-19）

表2-19 对损伤部位拉伸校正

①拉伸前围和前柱时要用到未拆卸的前纵梁及挡泥板，由于碰撞严重，损坏扩散到车体前立柱，因此车门关不上。通过拉伸恢复前柱的标准尺寸，在拉伸的过程中应不断地测量。拉伸变形部位到标准尺寸后固定不动，对变形区域锤击消除应力，使金属的弹性变形减小一些。然后释放拉力，再拉伸并保持拉力不变，锤击变形部位消除应力，再释放，进行测量，直至损伤部位的尺寸恢复到误差允许的范围内为止 	②通过拉伸恢复前柱的尺寸以后即可将前纵梁和挡泥板拆下。在分离前纵梁与前柱时，首先要将电焊部位的防腐蚀涂层清理掉，注意清除的面积要尽可能小，能清楚地看到电焊的轮廓即可。可以使用电钻将焊点切除，在切除焊点时注意不能损坏下层金属 

续表

③通过测量发现前柱车门铰链处的尺寸误差较大，需要校正。用螺栓将拉伸工具固定在立柱铰链部位进行拉伸。将拉伸工具通过车身底部的孔固定在车身上，对前柱底部和前地板部位进行拉伸，拉伸中要随时测量监控数据的变化	④如果维修中简单地夹住挡泥板，对纵梁前缘进行拉伸，则无法修理好车身前柱或前围板的主要损坏。需要多点对损坏部位进行拉伸，若拉伸效果不好，还可以一边拉伸一边用液压杆从里面推压，用夹具夹住前挡风玻璃立柱变形部位向下拉伸
	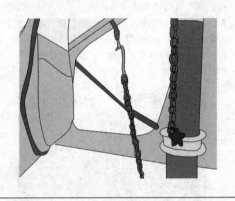
⑤挡风玻璃立柱的校正要等到前立柱校正完成后进行。随着前立柱及挡风玻璃立柱尺寸的恢复，前门的安装尺寸也在恢复，但是还需要调整挡风玻璃立柱和中柱，来达到良好的配合尺寸	

（6）安装更换部件（表2-20）

表2-20 安装更换部件

①车身前立柱、前围板、前地板、挡风玻璃立柱及中柱校正好以后，即可安装前纵梁、前挡板和水箱框架。更换的部件可以是新部件，也可是从其他车身上更换下来的良好部件，新部件按照以前的安装痕迹来安装	②将前纵梁的延伸段在前立柱处定位，再将前纵梁和挡泥板组件与前围板和前立柱按照安装痕迹初步定位。在更换的前纵梁的检测孔内安装测量传感器，测量尺寸误差，并进行合适的调整，调整好后用大力钳和螺栓将前纵梁与挡板组件固定。把水箱框架安装到前纵梁上，并对水箱框架进行测量，将尺寸调整到误差范围内，用螺钉固定

续表

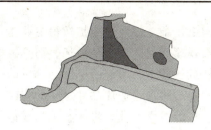

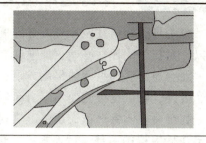

③安装翼子板及发动机罩,要不断调整新安装板件安装缝隙,直至缝隙均匀、左右对称,并对其进行临时紧固。通过车身结构尺寸的测量,来判断结构件的校正是否到位。通过装配检验车身覆盖件是否安装到位。通过测量和外观检测调整好板件以后,即可对更换的结构件进行焊接

④焊接前要将发动机罩、翼子板、水箱框架拆掉,拆卸前用记号笔做好定位标记。测量前纵梁和挡泥板组件的尺寸,确定无误后进行焊接操作。前纵梁应采用二氧化碳保护焊焊接。水箱框架可以用电阻点焊焊接,也可用二氧化碳保护焊进行塞焊连接。结构件焊接完成以后,安装翼子板、发动机罩、前保险杠总成和前大灯等

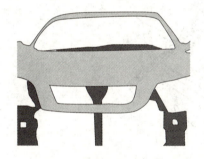

用记号笔做好定位标记

安装部件

⑤修理(包括所有校正和焊接操作)完成之后,要对车辆进行最后的检查。在检查时,车身修理人员应绕着汽车周围观察,查看是否有明显的校正错误。如果在车顶线和车门之间出现大的缝隙,则表示还有少量损坏存在。检查修理顺序,如果检查中发现问题,应立即将车固定起来,重新进行拉伸

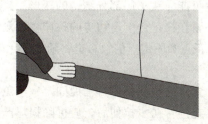

2.2.2.2 车身后部碰撞损坏的校正

与车身前部比较，车身后部的板件结构更复杂，损坏可能扩散得更严重，所以，对损坏的评估必须更加准确。在后部碰撞时保险杠会被损坏，而且碰撞力一般会通过后部纵梁的尾端或附近的板件进行传送，引起"上弯"部位的损坏。另外，轮罩也可能变形，引起后侧围板向前移动，造成部件之间的间隙变化。如果碰撞非常严重，还将影响到车顶、车门或中立柱。将钣金工具或钩子固定在后纵梁的后部、后地板或后顶盖侧板后端部分（图2-3），一边拉伸，一边测量车身下面每一部分的尺寸，观察车身板件的配合及间隙情况来决定修理程度。

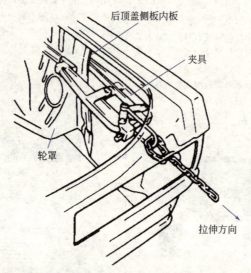

图 2-3　后顶盖侧板的修理

当后纵梁被撞进轮罩，后门有间距误差时，不得对有少量变形甚至没有变形的后顶盖进行拉伸，而只能靠拉伸纵梁来消除后顶盖侧板的应力。若轮罩或车顶侧边的内板和后部纵梁一起夹紧拉伸，那么车门的间隙就很容易校正到位。

车头部分的碰撞也可能导致车尾部分结构的变形。当出现上述情况时，需将车尾较低部位的结构夹紧在校正台上。初步的拉伸将恢复一些较低的校正点，此时应重新放置夹钳（校正点和固定点的数量也将随之变化）来保护已进行的校正，然后继续进行拉伸。

一旦修复到位后，要对这些部位进行辅助固定，避免在进行下一步拉伸时影响已经校正好的尺寸。在进行初步拉伸后，应拆除损坏严重、无法再进行修理而需要更换的部件。

2.2.2.3 车身侧面碰撞损坏的校正（表2-21）

表2-21 车身侧面碰撞损坏的校正

（1）损坏分析确定拉伸程序　汽车受到来自一侧的碰撞后，门槛板中心位置遭到严重损坏，门槛纵梁弯曲，地板会变形，车身前后部弯曲，使得车身扭曲成香蕉状。修理这种类型的损坏，可使用与拉直一根弯铁丝同样的方法，将车身的两端拉开，再将塌下去的车身侧面向外拉，下图展示了拉伸修复的方向

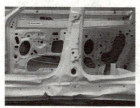

车辆侧面碰撞

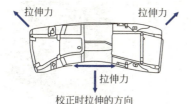

碰撞力和损伤的方向

校正时拉伸的方向

（2）车辆固定　将车辆固定在校正平台上，必要时应在车辆上使用一些辅助夹具来加强车辆定位

（3）纵向拉伸车辆的中部　主夹具紧固在车辆的门槛板裙边上，主夹具和平台之间不固定。用液压顶杆顶在两个主夹具上进行中间向两侧的拉伸。同时在中立柱门槛上边的裙边上固定两个夹具进行侧向拉伸。因为中部受损后拉伸力比较大，需要同时进行两个点以上、多个方向的拉伸

向两侧拉伸

中立柱向外拉伸

（4）拉伸车辆的前端弯曲　由于车辆的前后有弯曲变形，因此要对前部进行校正。通过测量可以知道前纵梁的尺寸有朝向撞击方向的变形，用尼龙带或其他夹具对前纵梁进行拉伸。拉伸时注意链条导向环和链条的高度要与纵梁平齐，不得太高或太低，否则拉伸时会产生向上或向下的力，使纵梁发生上下弯曲变形

续表

(5）拉伸车辆后部　由于车身后纵梁与前纵梁存在相同的问题，也要根据测量尺寸的结果来进行校正

(6）侧向拉伸门槛板　在碰撞时门槛板承受了大量的力，变形量大，有些板件可能需要更换，但必须在进行校后方可进行更换。通过大力拉钩向外进行拉伸，注意大力拉钩和车辆板件的接触受力点要根据情况选择不同接触面积的垫块，同时注意拉伸的方向，遵循拉伸的要点，使得应力充分放松

侧向拉伸门槛板（一）

侧向拉伸门槛板（二）

(7）侧向拉伸中立柱　车身的中立柱在碰撞中也会变形，需要拉伸。在车门的铰链、门锁安装点、车门边的焊接接口处均会有一些尺寸数据，通过测量来确定拉伸的程度。在拉伸中立柱下部时，为了避免中立柱上部也跟着变形，需要用尼龙带在中立柱上部进行辅助拉伸

2.3 车身构件的拆装与更换

2.3.1 立柱、梁的拆装与更换

轿车的前后纵梁包括两种不同的封闭形式（图2-4）：一种是管形，无论是新件还是废旧件，其四个面均是完整的；另一种是槽形，它的封闭是靠开口的一侧与车身结构的某个其他部件连接在一起而形成的。

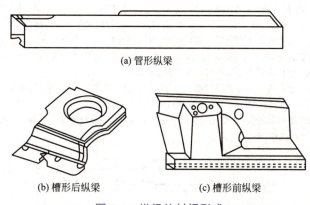

图 2-4 纵梁的封闭形式

在截断加芯平口对接的管形前、后纵梁时，注意它们含有压扁区，不得在压扁区截断，同时还必须避开纵梁上的孔洞及加强板件。多数后纵梁以及某些不同形式的前纵梁是槽形结构。有些槽形结构的待封闭侧面为垂直方向，比如与内加强板侧面相连的前纵梁，其他则为水平方向，比如与后备厢地板相连的后纵梁。在一般情况下，对于截断的槽形纵梁，采用搭接方式，搭接处用塞焊，搭接边缘用连续缝焊。

2.3.1.1 门槛的更换（表2-22）

表 2-22 门槛的更换

（1）裁截 在将门槛切割到规定尺寸时，应使用往复锯或摆动锯，以确保配合精确，同时使加热效应降至最低 若门槛是由两个部件构成的，它们的中间有一个平板，则应以错口对接方式裁截，内外侧错口距离通常为60～75mm。这种重叠部分可以提供接口的连贯性，提高强度	（2）对口焊接 应对整个对接焊缝施以连续焊。连续焊缝即使只有少许间断，也会大幅度降低接头的强度，从而可能造成断裂。可使用塞焊固定所用的芯件。应对对接接口安排好，以使内部加强板可以连续连接两侧，并用塞焊或缝焊固定

续表

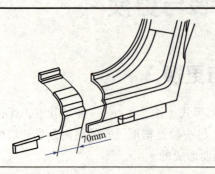
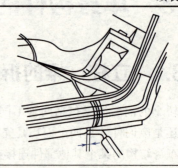

（3）加芯平口对接和搭接　若要截断门槛，可以采用加芯平口对接方式，也可将外侧件截下，用搭接的方式焊上新件。通常来说，在安装带有B柱的旧门槛时，应使用加芯平口对接方式

采用加芯平口对接方式时，先用直切口横向截断门槛。根据门槛的具体结构，沿长度方向将芯件切割成2～4件。除去翻边，以便能将它塞进门槛腔内。芯件塞到位后，用塞焊将其焊牢。对于截断的结构件，塞焊孔径需要8mm，这样方可有足够的熔核和满意的强度

在管形结构件内安装芯件时，无论是门槛、A柱和B柱还是纵梁，均应确保焊接部位上的芯件能完全熔透。对于平口对焊，所留的焊缝间隙需有足够的宽度，以便能熔透芯件

焊合前必须仔细清除切口边缘上的毛刺，否则熔化的金属易在毛刺周围和上下流动，从而导致应力集中，引起裂纹，使接口处的强度降低

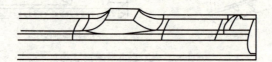

2.3.1.2　前悬架立柱的更换（表2-23）

表2-23　前悬架立柱的更换

①剔除悬架支座下部和纵梁延长板接合部的焊点，清理掉发动机室内侧这些焊点部位的密封胶。在悬架支座中心的前方截断下纵梁，其内外侧以错口方式截断，两个切口处都要搭接 有两处点焊将内加强件固定到下纵梁内侧，必须把焊点剔除后方可进行截断作业，在纵梁的轮缘一侧能够看到这些焊点。发动机一侧的截断位置需距前围约300mm	②梁外侧的截断位置应取在发动机侧切口后方80～120mm处。为了确保良好的搭接，应在原结构伸出端的拐角处仔细做出"开口"。开口的长度不得超过6mm，安装后开口的露出部分必须完全焊严
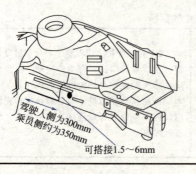 驾驶人侧为300mm 乘员侧约为350mm 可搭接1.5～6mm	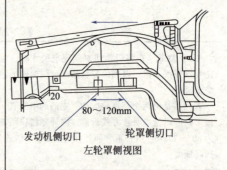 80～120mm 发动机侧切口　轮罩侧切口 左轮罩侧视图

续表

③将对面的下纵梁延长件从下纵梁上拆开。具体方法是：先将固定散热器支座和内加强板延长板的焊点剔除，然后小心地将内加强板延长板向上翻，露出连接延长件和纵梁的焊点。

在安装之前对更新件总成进行检查和测量，必要时还应进行校正，使其达到要求的尺寸。将更新件牢牢地夹紧在位置上之后，可用测量设备进行检测，以保证其尺寸及位置准确。当检查所有尺寸都在公差范围之内时，即可焊接。所使用的连续焊应以 12～20mm 的小段交错进行。最后进行防蚀处理及更新件的涂漆。

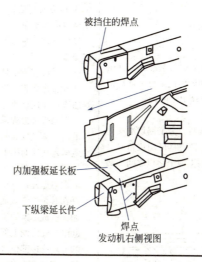

发动机右侧视图

2.3.1.3 泡沫材料充填板件的更换

泡沫材料用来充填 A 柱与 B 柱的上部，还用来充填前座椅固定座和车厢地板之间的空腔，如图 2-5 所示。

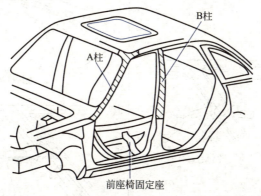

图 2-5 A 柱、B 柱和前座椅固定座处的泡沫充填材料

在进行车身撞伤修理期间，这些部位的钢板变形、矫正、截断和加热等均会造成其内部泡沫充填材料的破坏。为了确保车辆完全恢复到事故前的状态，泡沫

充填材料也必须更换。

泡沫材料充填板件的更换见表2-24。

表2-24 泡沫材料充填板件的更换

（1）A柱的截断 找到A柱上端的基准孔，并由此向下量100mm，在此处内侧做标记；再由此标记向上量60mm，在该处外侧做标记。两标记处即作为截断线。

在两根截断线处仔细进行截断，为了锯切准确而又方便，可使用锯切夹具。这种夹具可用边角料自制。从A柱内侧仔细钻除A柱上两个切口之间底部的焊点，卸下A柱

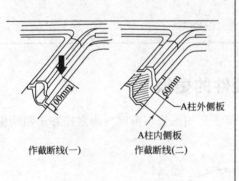

作截断线（一）　　作截断线（二）

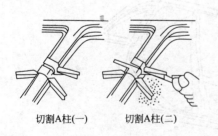

切割A柱（一）　　切割A柱（二）

（2）A柱的安装

①安装前，把约70mm长的立柱内的旧泡沫充填材料清除干净

②将立柱上端截至所需尺寸，形成相配的错口对接接口

③在立柱底座上钻出塞焊孔

④在排水软管上涂以肥皂水，将排水软管的连接管插入新立柱上的排水软管

⑤在塞焊和缝焊部位涂上透焊防蚀涂料

⑥将新立柱安装到位。注意应确保把排水软管正确地插入立柱的排水孔中

⑦将立柱夹紧固定，检测其定位配合情况

⑧取下立柱，只在塞焊接合面上涂透焊防蚀涂料

⑨在其余配合表面涂黏合剂

⑩按制造厂家的说明进行塞焊与缝焊，修理焊缝

⑪由立柱内侧上部的注入孔注入尿烷泡沫材料

⑫清理连接部位多余的泡沫材料

⑬在焊缝部位涂双组分环氧树脂保护漆及颜色涂料

⑭在未充填泡沫材料的内表面涂防蚀材料

⑮装上车门和前翼子板，检查定位质量

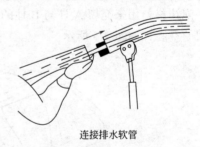

连接排水软管

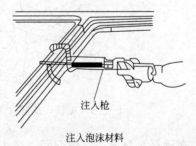

注入枪

注入泡沫材料

2.3.2 车身玻璃的拆装与更换

2.3.2.1 前挡风玻璃的更换（表2-25）

表2-25 前挡风玻璃的更换

（1）仪表台防护 首先，在车室内的仪表台覆盖橡胶垫，防止玻璃碴掉到车室内刮花仪表台 	（2）拆卸前挡风玻璃排水槽 将前挡风玻璃排水槽拆卸，方便安装前挡风玻璃 
（3）切开前挡风玻璃定形件 从前挡风玻璃上缘拆下定形件。必要时，应用多功能小刀将定形件切断 	（4）拆卸车顶内衬 向下拉车顶内衬的前部。注意不要过度弯折车顶内衬，否则会将其弯折或折断 
（5）前挡风玻璃四周贴护胶带 沿仪表板及前挡风玻璃四周贴护胶带。使用锥子，从车辆内侧在前挡风玻璃的角部穿过橡胶嵌条、黏结胶带及仪表板密封件钻一个小孔。将高强度钢丝穿过小孔，并将高强度钢丝的两端各绕在木棒上 	（6）拆下前挡风玻璃 由一人在外侧，以拉锯的动作将高强度钢丝来回拉动。保持高强度钢丝尽量靠近前挡风玻璃，防止损坏车身与仪表板。在整个前挡风玻璃四周小心地切割橡胶嵌条及黏合剂。最后小心地将前挡风玻璃拆下 

续表

（7）清理前挡风玻璃框口边缘粘接表面　使用小刀，将前挡风玻璃框口边缘粘接表面上原有的黏合剂刮平（约2mm的厚度）。注意不能刮伤车身的漆层表面，损坏的漆层会妨碍粘接

（8）清洁前挡风玻璃框口　使用一块浸有乙醇的抹布清洁车身粘接表面。清理后，不得使框口表面沾染机油、油脂及水等

（9）安装新的雨水传感器罩基座　使用前挡风玻璃进行替换，则将新的雨水传感器罩基座安装到前挡风玻璃内表面

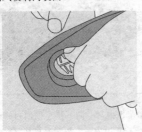

（10）前挡风玻璃校中　使用粘接胶带将橡胶嵌条、上卡夹及仪表板密封件粘接到前挡风玻璃的内表面。然后将前挡风玻璃安装在开口部位，并进行校中。确保两个上卡夹的销接触车身孔边缘。但注意不要触摸前挡风玻璃上要涂抹黏合剂的部位

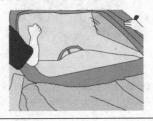

（11）涂抹黏合剂　在橡胶嵌条与定形件之间的前挡风玻璃周围涂出一条黏合剂带

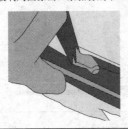

（12）安装前挡风玻璃　使用吸盘吸住前挡风玻璃，将其移到待安装的窗框口外，将其与校中所做出的定位标记对准，然后放到黏合剂上。轻微按压前挡风玻璃，直至边缘同黏合剂完全粘接

（13）清理保护带和多余的黏合剂　大约1h之后，等到黏合剂干燥后清理保护带，然后使用抹布将多余的黏合剂擦除。为了去漆层表面或前挡风玻璃上的黏合剂，需要使用浸沾乙醇的柔软抹布进行擦拭

（14）安装未安装的部件　重新安装所有未安装的部件，包括前挡风玻璃排水槽等

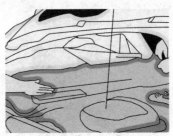

2.3.2.2 后挡风玻璃的更换(表 2-26)

表 2-26 后挡风玻璃的更换

(1)后排座椅防护 首先在车室内的后排座椅覆盖棉垫,以免玻璃碴掉到车室内

(2)拆卸后挡风玻璃 首先断开车窗天线插头及后车窗除雾器插头,然后从后挡风玻璃上缘拆下定形件。必要时,使用多功能小刀将定形件切断。最后拆除后挡风玻璃

(3)拆卸橡胶嵌条 拆除损坏的橡胶嵌条,安装时更换新件

(4)清理后挡风玻璃框口边缘粘接表面 使用小刀将后挡风玻璃框口边缘粘接表面上的玻璃以及其他杂质清除

(5)安装新的橡胶嵌条至后挡风玻璃内表面 安装新的橡胶嵌条至后挡风玻璃内表面,确保密封良好

(6)清理后挡风玻璃框口边缘粘接表面 使用小刀,将后挡风玻璃框口边缘粘接表面上原有的黏合剂刮平(约2mm的厚度)

续表

（7）清洁后挡风玻璃框口　使用一块浸有乙醇的抹布清洁车身粘接表面。清理后，不能使框口表面沾染机油、油脂及水等

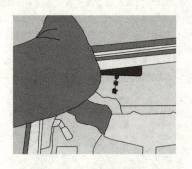

（8）后挡风玻璃校中　将后挡风玻璃放置在框口内，并进行校中。使用油彩笔在后挡风玻璃和车身上做四点对正标记。保证两个上卡夹的销与车身孔边缘相接触。注意不要触摸后挡风玻璃上要涂抹黏合剂的部位

（9）涂抹黏合剂　在橡胶嵌条与定形件之间的后挡风玻璃周围涂出一条黏合剂带

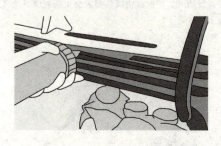

（10）安装后挡风玻璃　使用吸盘吸住后挡风玻璃，将其移到待安装的窗框口外，将其与校中所做出的定位标记对准，然后放到黏合剂上。轻轻按压后挡风玻璃，直到边缘同黏合剂完全粘接

（11）清理多余黏合剂并连接相关插头　大约1h后，等到黏合剂干燥后使用抹布将多余的黏合剂擦除。为了除去漆层表面或后挡风玻璃上的黏合剂，应使用浸沾乙醇的柔软抹布进行擦拭。最后将车窗天线插头和后车窗除雾器插头连接好即可完成安装

2.3.2.3 天窗玻璃的更换（表2-27）

表2-27 天窗玻璃的更换

（1）拆卸天窗玻璃紧固螺钉　先完全关闭天窗玻璃，再将遮阳板完全向后滑动。撬起盖，拆下天窗玻璃紧固螺钉

（2）拆下天窗玻璃　举起天窗玻璃，将其拆下

（3）清洁天窗碎玻璃及其他杂质　用吸尘机清洁天窗碎玻璃和其他杂质

（4）新天窗玻璃　选择原厂的天窗玻璃，保证型号一致

（5）安装新天窗玻璃　将新天窗玻璃放置框后，再校中位置

（6）紧固天窗玻璃螺钉　将新天窗玻璃螺钉全部拧到位

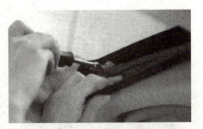

续表

（7）安装天窗玻璃密封条　将天窗玻璃密封条安装到位 	（8）检查天窗玻璃　重新设置天窗控制单元，接着查看天窗玻璃的工作状态，如有异常应重新调整，使其恢复正常状态 

（9）验证天窗玻璃密封性　使用无喷嘴的软管浇注无压水，保证天窗玻璃密封良好。**注意：**如果有水从天窗渗漏到遮阳板框架并从排水槽排出，属于正常现象

2.3.3　车门及其附件的拆装与更换

2.3.3.1　车门的拆装

（1）前车门的拆装（表2-28）

表2-28　前车门的拆装

①脱开后视镜内饰件的2个卡扣并且拆下后视镜内饰件 	②用顶部缠有保护带的螺丝刀，脱开3个定位爪，同时拆下内把手饰盖 

续表

③用缠有保护带的螺丝刀小心撬开6个定位爪,再拆下辅助把手盖

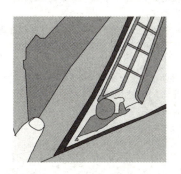

④用螺丝刀拆卸3个螺钉,再用卡扣拆卸专用工具撬开9个卡扣

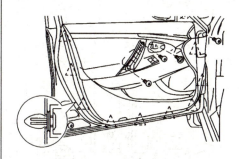

⑤按箭头所指方向拉出前门饰板,然后抬起前门饰板并且撬开4个定位爪,最后将连接线插头拔下即可拆出前门饰板

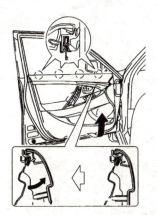

⑥重新连接电动车窗主开关总成并且移动前门玻璃,以便看到车门玻璃螺栓,然后将其拆下并轻轻取出前门玻璃

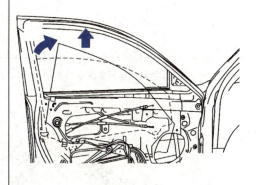

⑦拆卸5个紧固螺栓,然后作为一个整体拆下前门前电动车窗电动机总成

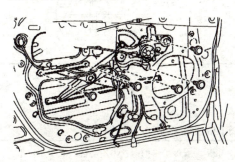

⑧拆卸前门密封条以及其他相关部件

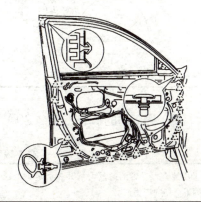

续表

⑨拧下前门开度限位器总成3个紧固螺栓后，即可将前门开度限位器总成取下，接着拆下前车门

⑩前门的安装和拆卸的顺序相反，但应调整前门到合适的位置。具体调整方法如下
　a. 按门偏离门框的情况，确定调整方向，以此判断应该松开的螺栓
　b. 螺栓松开后，用千斤顶或撬棒使车门移动
　c. 将车门移动到适当位置，当门与门框的配合处于理想状态时，旋紧螺栓
　d. 移动车门槛板螺栓，检查车门与门框的相对位置，保证车门关闭可靠
　e. 此外，有时还要将车门向里或向外调整，以确保车门与车身面板平齐

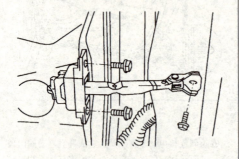
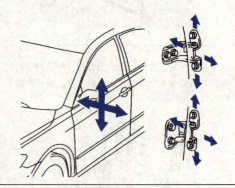

⑪调整完成后要根据门边的间隙要求对前门进行验收

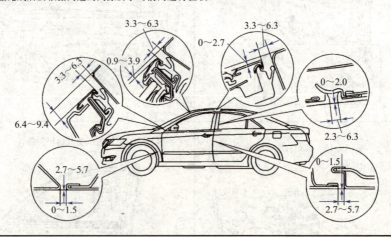

（2）后车门的拆装（表2-29）

表2-29　后车门的拆装

①用缠有保护带的螺丝刀撬开3个定位爪，并且拆下后门内把手饰盖	②用缠有保护带的螺丝刀小心撬开6个定位爪，接着拆下辅助把手盖

续表

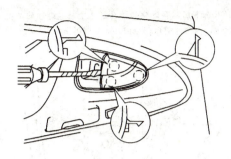

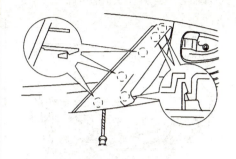

③用螺丝刀拆卸 3 个螺钉,接着用卡扣拆卸专用工具撬开 7 个卡扣

④抬起后门饰板并撬开 4 个定位爪,最后将连接线插头拔下就能拆出后门饰板

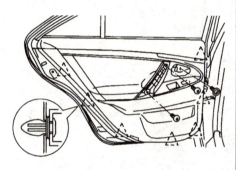

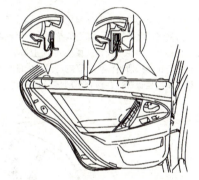

⑤重新连接电动窗调节器开关总成并且移动后门玻璃,以便看到车门玻璃螺栓,然后将其拆下并轻轻取出后门玻璃

⑥拆卸 3 个紧固螺栓,然后作为一个整体拆下后门电动车窗电动机总成

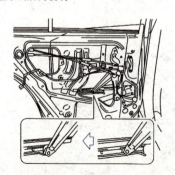

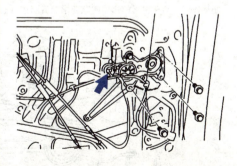

续表

⑦拆卸后门密封条以及其他相关部件

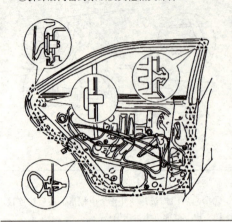

⑧拆下后门开度限位器总成3个紧固螺栓后,就能将后门开度限位器总成和后车门拆下

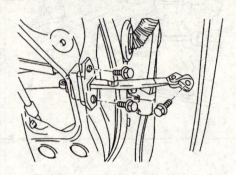

⑨后门的安装与拆卸的顺序相反,但应调整后门到恰当的位置。具体调整方法如下
a. 按门偏离门框的情况,确定调整方向,以此判断应该松开的螺栓
b. 螺栓松开后,用千斤顶或撬棒使车门移动
c. 将车门移动到适当位置,当门与门框的配合处于理想状态时,旋紧螺栓
d. 移动车门槛板螺栓,检查车门与门框的相对位置,保证车门关闭可靠

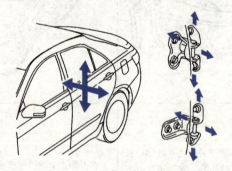

⑩调整完成后要根据门边的间隙要求对后门进行验收

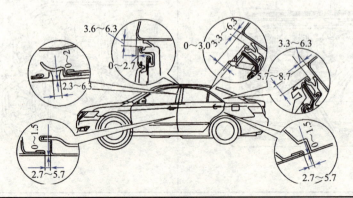

2.3.3.2 车门内饰板的拆装与更换

（1）拆卸车门内把手及扶手座总成（表2-30）

表2-30　拆卸车门内把手及扶手座总成

①用小号一字螺丝刀撬开内拉手装饰扣 a.撬动塑料卡扣时，用力要恰当，禁止野蛮操作，防止损坏塑料卡扣，影响重复使用 b.使用金属制品撬塑料卡扣时，宜在螺丝刀头部缠好保护胶带 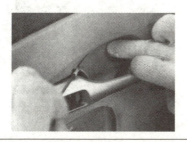	②用十字螺丝刀拆卸内拉手装饰扣螺钉 a.用一只手按住装饰扣，另一只手拿十字螺丝刀旋出螺钉 b.有些车型的内把手在拆除螺钉后，可以直接拆卸其装饰件 
③用十字螺丝刀拆卸车门装饰板扶手座上板螺钉，并且将螺钉取下 使用螺丝刀拆卸螺钉时，螺丝刀和螺钉要保持垂直，以免拆卸过程中损坏螺钉孔 	④用一字螺丝刀将车门扶手座上板从端部轻轻撬开 a.扶手座上板使用卡扣与车门装饰板相连接，卡扣形式有铁片式与塑料扣式两种 b.撬动时，最好从铁片端进行撬动，其有一定的弹性，不容易损坏 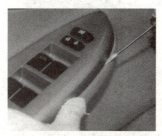
⑤将车门扶手座上板拉起，并取下车门扶手座 拉起车门扶手座时，注意玻璃升降器线束，动作要轻，防止损伤玻璃升降器线束 	⑥将玻璃升降器线束插接器和控制开关分离 a.如果插接器连接较紧密时，可使用一字螺丝刀顶住插接器卡扣，并将插接器和控制开关分离 b.拆卸插接器时，必须要顶住卡扣，禁止野蛮操作，以免损坏部件，影响重复使用 

（2）拆卸车门装饰板总成（表2-31）

表2-31　拆卸车门装饰板总成

①车门装饰板卡扣如下图所示 本试验车使用的卡扣为塑料件形式，左、右侧及下方分布着8个卡扣，上方采用玻璃内密封条和车门装饰板相连 	②用塑料撬棒或双手将车门装饰板从下端轻轻拉开，使卡扣和车门分离 拆卸过程中，如果装饰板密封较紧，可使用卡扣专用拆装工具或一字螺丝刀，插入装饰板和车门卡扣连接处，轻轻撬动装饰板，使卡扣和车门脱离 
③双手握住车门装饰板总成两端，轻轻向上提拉，将车门装饰板总成与车门分离 　a.拆卸车门装饰板总成时，内把手分总成拉锁未拆卸，应随时观察内把手变形情况，防止损坏内把手总成 　b.取下车门装饰板总成时，不得损伤车门周围漆膜 	④将车门装饰板总成倾斜30°左右，用手扶住车门装饰板总成，将门把手分总成和车门锁止遥控拉索分离 车门锁止遥控拉索有两处固定扣装置，先将塑料固定扣分离，然后将拉索与门把手分总成分离 
⑤将门把手分总成与车门内侧锁止拉索分离 车门内侧锁止拉索包括两处固定扣装置，先将塑料固定扣分离，再将车门内侧锁止拉索与门把手分总成分离 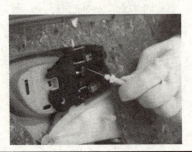	⑥将车门装饰板总成取下 车门装饰总成为合成材料，应将车门装饰板总成放在干燥洁净处，以免损伤车门装饰板总成 

(3)安装车门装饰板总成(表2-32)

表2-32 安装车门装饰板总成

①将门把手分总成和车门内侧锁止拉索连接 车门内侧锁止拉索有两处固定扣装置,先将车门内侧锁止拉索和门把手分总成连接,再将塑料固定扣装好 	②将门把手分总成和车门锁止遥控拉索连接 车门锁止遥控拉索有两处固定扣装置,先将车门锁止遥控拉索和门把手分总成连接,再将塑料固定扣连接 
③用手扶住车门装饰板总成,将玻璃升降器线束穿过扶手座安装孔 玻璃升降器的插接器不得留在车门装饰板内,防止影响玻璃升降器控制开关的安装 	④双手扶住车门装饰板两端,将内侧玻璃密封条扣入车门板内侧,并稍再用力下按,将玻璃密封条装到位 a. 内侧玻璃密封条安装时要与车窗玻璃完全贴合 b. 安装车门装饰板时,注意玻璃升降器的插接器不得掉落到车门饰板内 
⑤将车门装饰板固定卡扣与安装孔对准后,用手掌或拳头轻轻拍击,使固定卡扣和内侧板安装到位 a. 固定卡扣与内侧板安装孔未对准时,禁止拍击强行安装,以免损坏固定卡扣 b. 在拆卸过程中,固定卡扣发生损坏时,需更换新件 	⑥握住玻璃升降器控制开关,将玻璃升降器的插接器和控制开关连接 插接器与控制开关安装到位后,可听到卡扣发出"嗒"的声音 

续表

⑦按动玻璃升降器控制开关,观察车窗玻璃升降情况

a. 按动玻璃升降器控制开关,车窗玻璃可以升降,如不能动,则需检修

b. 车窗玻璃在升降过程中,应无卡滞现象,能运行自如,如有卡滞,则进行调整

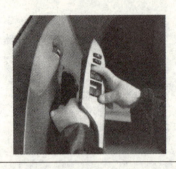

⑧将扶手座分总成装入车门装饰板扶手座孔内,并使扶手座分总成和车门装饰板完全贴合

安装扶手座分总成,要先将塑料卡扣端扣入扶手座安装孔,然后将铁卡扣扣入。装入时,防止损坏卡扣

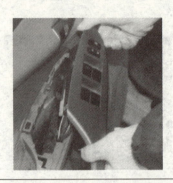

⑨用十字螺丝刀将闭锁器闭合

a. 闭锁器有二级锁止装置,闭合时,注意应使二级锁止装置处于闭合状态

b. 闭合闭锁器时,不得损伤周围的漆膜

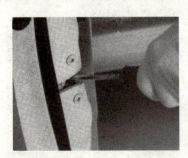

⑩拉动车门内把手,观察闭锁器能否正常开启

观察闭锁器,闭锁器应可以正常开启。如不能开启,要求排除故障后,再继续安装

⑪用十字螺丝刀将闭锁器闭合,并将车门锁止装置闭合

a. 闭锁器有二级锁止装置,闭合时,注意应使二级锁止装置处于闭合状态

b. 闭合闭锁器时,不得损伤周围的漆膜

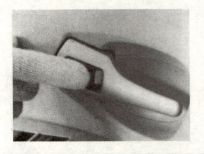

⑫拉动车门内把手,观察闭锁器能否正常开启

观察闭锁器,闭锁器应无法开启,表示锁止装置正常

续表

⑬用十字螺丝刀安装扶手座固定螺钉

使用螺丝刀安装螺钉时,螺丝刀和螺钉要保持垂直,避免安装过程中,损坏螺钉孔

⑭用十字螺丝刀安装内把手固定螺钉

使用螺丝刀安装螺钉时,螺丝刀和螺钉要保持垂直,避免安装过程中,损坏螺钉孔

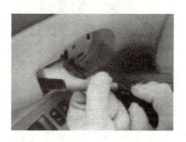

⑮用十字螺丝刀将车门闭锁器闭合,再次检查车门内、外把手,是否能正常开启闭锁器

2.3.3.3 门锁机构的拆装与更换(表2-33)

表2-33 门锁机构的拆装与更换

(1)拆下车门内侧拉手 用螺丝刀撬开车门内侧拉手螺钉盖,再拆下螺钉

(2)拆下车门内饰板 拆卸车门内饰板的附件,再拆下车门内饰板

续表

（3）拆下车门锁闩紧固螺钉 用螺丝刀拆下门边3个紧固螺钉 	（4）拆下车门锁闩 拆下车门锁闩侧边紧固螺钉，再拆下连接插头、卡钩，并取出车门锁闩总成 
（5）安装车门锁闩 按照与拆卸相反的顺序安装车门锁闩及其他部件 	（6）检查车门锁闩 检查车门锁闩，保证工作正常即可 

2.3.3.4 车窗玻璃及玻璃升降器的拆装与更换

（1）拆卸防水保护膜（表2-34）

表2-34 拆卸防水保护膜

①用十字螺丝刀将2个扶手支架固定螺钉拆除 扶手支架固定螺钉拧在塑料卡扣上。利用螺钉的拧紧力将卡扣张开，拆卸时，注意螺纹方向 	②双手握住内把手总成两端，向外拉出，将内把手分总成取下 a. 拆卸内把手分总成时，力度要适中，防止卡扣断裂 b. 如新件固定得太紧，可使用一字螺丝刀轻轻撬卡扣连接处拆卸 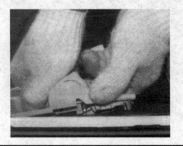

续表

③将内把手车门锁止遥控拉索与内侧锁止拉索取下

车门锁止遥控拉索和内侧锁止拉索有两处固定扣装置,先将塑料固定扣分离,然后将拉索与门把手分总成分离

④用铲刀将丁基胶带割开,使防水隔声膜和车门内板分离

a. 用专用工具(胶水切割刀)或铲刀将防水隔声膜和车门内板完全分离,注意不得损伤漆膜

b. 分离防水隔声膜时,避免将防水隔声膜撕破,影响再次使用效果

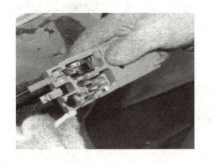

⑤将车门锁止遥控拉索、内侧锁止拉索及玻璃升降器控制开关插接器从防水隔声膜孔中抽出

有些单一操作项目可不拆卸防水隔声膜,仅需撕开一半即可

(2)拆卸车窗玻璃(表2-35)

表2-35 拆卸车窗玻璃

①将蓄电池负极电缆临时连接到蓄电池负极桩上蓄电池通电,主要为调整前门车窗玻璃位置,有利于拆卸。调整完毕后,将蓄电池负极电缆重新拆下

②连接电动车窗升降器主开关总成,并且操作开关,移动前门玻璃,以便能清楚看到前门玻璃固定螺栓。结束后再次断开电动车窗升降器主开关总成插接器

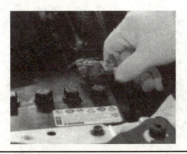

续表

| ③使用φ10mm组合扳手拆卸前门车窗玻璃的2个固定螺栓
拆卸时,一手扶住前门车窗玻璃,以免掉落
 | ④将前门车窗玻璃从门框中取出
a. 取出前门车窗玻璃时,应将玻璃如下图所示倾斜取出
b. 前门车窗玻璃取下后,应放在软质的平垫上,防止破损
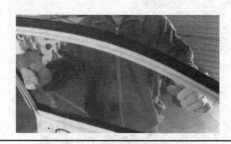 |

(3)拆卸玻璃升降器(表2-36)

表2-36 拆卸玻璃升降器

| ①用一字螺丝刀,顶住玻璃升降器插接器卡扣,并且拔出插接器
拆卸玻璃升降器插接器时,应使卡扣锁止位置分离,才能拔出,不能硬拔,以免损坏线束和插接器
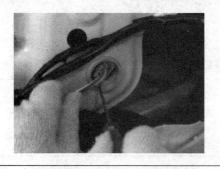 | ②用φ10mm套筒、接杆、棘轮扳手组合,拧松临时螺栓及3个固定螺栓,并取下3个固定螺栓
注意:不得将临时螺栓取下。如果拆下临时螺栓,会造成玻璃升降器掉落,损坏玻璃升降器
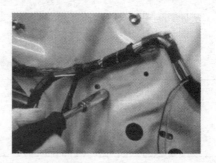 |
| ③将玻璃升降器从车门框中取出
玻璃升降器从门框中取出时,注意不得碰撞门框周围,防止损伤漆膜
 | |

（4）安装玻璃升降器（表2-37）

表2-37　安装玻璃升降器

①将玻璃升降器放入车门框中，先将临时螺栓装回定位孔中，再将其他3个固定螺栓用手拧入 　用手拧入固定螺栓时，若遇到阻力，应检查螺栓和螺栓孔是否损伤	②用φ10mm套筒、接杆、棘轮扳手组合，拧紧临时螺栓及3个固定螺栓 　a. 拧紧玻璃升降器螺栓时，注意要交叉均匀地分次拧紧，避免车门框变形 　b. 螺栓拧紧力矩为8N·m
	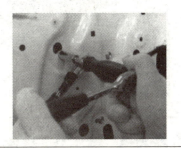
③将玻璃升降器插接器插入升降器电动机孔内 　a. 玻璃升降器插接器有正反方向，插入时注意不得插反 　b. 插接器插到位时，能听到锁止卡扣发出"嗒"的声响	④将蓄电池负极电缆临时连接到蓄电池负极上 　a. 蓄电池通电，主要为检查玻璃升降器能否正常运行 　b. 检查完玻璃升降器运行情况后，马上将蓄电池负极电缆拆除
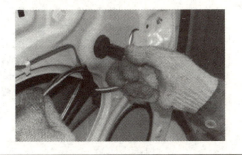	
⑤将玻璃升降器控制器插接器插入玻璃升降器控制开关，并且按动开关，检查玻璃升降器上下的运行情况 　a. 玻璃升降器控制器插接器有正反方向，插入时注意不得插反 　b. 插接器插到位时，可以听到锁止卡扣"嗒"的声响 　c. 如果不能正常运行，则由电工检查电路 	

（5）安装车窗玻璃（表2-38）

表2-38 安装车窗玻璃

①一只手握车窗玻璃上方，另一只手在车门内托住车窗玻璃下方，将车窗玻璃如下图所示倾斜放入车门内	②用手将前门车窗玻璃2个固定螺栓放入螺纹孔内，并用ϕ10mm组合扳手将其拧紧。固定螺栓拧紧力矩为8N·m

2.3.3.5 车门窗装饰件的更换（表2-39）

表2-39 车门窗装饰件的更换

（1）车门窗内侧装饰件的更换　首先拆除车门内饰板，然后分别拆下车窗内侧上的装饰件

①沿装饰件外缘向后拉，以松开车门窗格中间支柱部分车门玻璃框口凸缘上的卡钩

②松开车门窗格后角部玻璃导槽上的卡钩

③沿着装饰件外缘向后拉，以松开车门窗格顶部和前支柱部分车门玻璃框口凸缘上的卡钩

④安装装饰件时，将装饰件角部与车门窗格后角部对齐，再将装饰件卡钩放置在玻璃导槽上。接着沿车门窗格中间支柱部分、车顶部分以及前支柱部分的装饰件设置装饰件卡钩

（2）车门窗外侧装饰件的更换　首先拆下车门内饰板，接着拆下车门外部卡钩，最后分别拆下车门窗外侧装饰件和密封条

①向上拉动车门窗外侧装饰件，以松开车门上的卡钩，并松开车门玻璃外侧密封条与车门之间的装饰件

②拆下装饰件，但要注意不要损坏车门玻璃外侧密封条

③安装时按照与拆卸相反的顺序进行

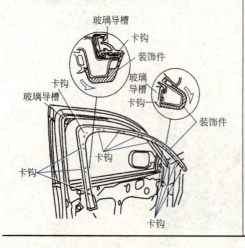

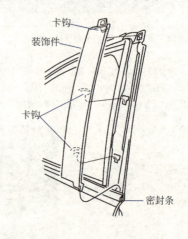

续表

（3）车门玻璃外侧密封条的更换

①首先拆下车门内饰板以及其他相关部件，再将玻璃完全升起。从车门板内滑动车门玻璃外侧密封条上的卡夹，以松开车门板凸缘上的卡钩

②使用一字螺丝刀，从车门内推出后卡钩，并拔起车门玻璃外侧密封条，最后拆下密封条即可

③安装时与拆卸顺序相反，但要注意如下内容

a. 如果卡夹损坏或因为重压受损，则更换新的卡夹

b. 安装车门玻璃外侧密封条以前，将后卡钩和密封条卡夹与凸缘对齐，通过滑动卡夹使其在凸缘处固定

c. 将车门玻璃外侧密封条的卡夹部分推动到位，然后重新安装所有剩余的已拆卸部件即可

（4）车门玻璃内侧密封条的更换　首先拆开车门限位器螺栓，接着脱开密封条卡夹与卡钩，最后从车门窗支架上松开车门密封条即可拆下。安装时与拆卸顺序相反。安装注意事项如下

①如果卡夹已损坏或因为重压受损，则更换新的卡夹

②保证支架内的密封条安装牢固

③安装前，在车门限位器装配螺栓上涂抹润滑脂

④保证安装后无漏水

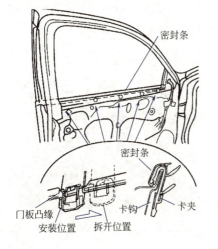

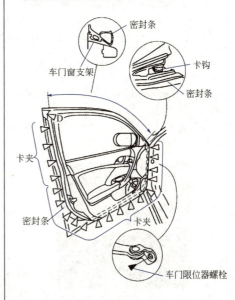

2.3.3.6　后视镜的拆装与更换

（1）拆卸下门框支架装饰条（表2-40）

表2-40　拆卸下门框支架装饰条

①用一字螺丝刀从下门框支架装饰条边缘处插入，撬出下门框支架装饰条分总成 　a. 下门框支架装饰条是塑料制品，撬动时，用力要适中，防止损坏 　b. 撬动前，在车门框与下门框支架装饰条边缘垫上软质物品，以免损伤漆膜	②用一字螺丝刀抵住扬声器插接器锁止卡扣，并且拔出插接器，取下下门框支架装饰条 　a. 扬声器安装在下门框支架装饰条内侧，插接器未拆卸时，禁止大幅度拉拉 　b. 插接器锁止卡扣在未解锁状态下，不得拉拔线束，防止损坏

续表

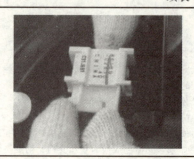

（2）拆卸后视镜总成（表2-41）

表 2-41　拆卸后视镜总成

①用手抵住后视镜线束插接器锁止扣，并且将后视镜线束拔下 a. 插接器锁止卡扣在未解锁状态下，不得拉拔线束，防止损坏 b. 若插接器锁止卡扣配合较紧，可使用一字螺丝刀轻轻撬动拆卸	②用 ϕ10mm 套筒、接杆、棘轮扳手拧松后视镜总成上的 3 个固定螺栓，并且取下 拆卸后视镜总成固定螺栓时，注意要交叉均匀地分次拧松，防止变形

③用手抵住后视镜总成临时固定扣，将后视镜总成和门框分离 a. 临时固定扣采用塑料材料制成，扳动时，用力要适中，防止扳断 b. 若临时固定扣配合较紧，则可稍稍抬高后视镜总成，方便拆卸	④用手握住后视镜总成，将后视镜总成线束自门框线束座孔中抽出，取下后视镜总成 后视镜总成线束从线束座孔中抽出时，不得拉扯，防止拉断线束。同时注意线束不能与门框线束座孔擦碰，而划伤线束橡胶外皮

（3）安装后视镜总成（表2-42）

表2-42　安装后视镜总成

①用手握住后视镜总成，将后视镜总成线束自门框线束座孔中穿入

　a. 后视镜总成线束穿入座孔前，先调整好后视镜总成的正反方向，再将插接器插入座孔

　b. 注意线束不能与门框线束座孔擦碰，避免划伤线束橡胶外皮

②将后视镜总成临时扣扣入门框

　a. 后视镜总成临时扣扣入门框并安装到位后，可以听到"嗒"的声响

　b. 临时扣不能承受大的冲击力，安装到位后，不得大力扳动后视镜总成

③轻轻移动后视镜总成，将螺栓孔对准，并用手将后视镜总成上的3个固定螺栓拧紧

　用手拧入固定螺栓时，如果遇到阻力，应检查螺栓与螺栓孔是否损伤

④用 ϕ10mm 套筒、接杆、棘轮扳手组合拧紧后视镜上的3个固定螺栓

　a. 安装后视镜总成固定螺栓时，注意应交叉均匀地分次拧紧，防止变形

　b. 后视镜总成固定螺栓拧紧力矩为 9N·m

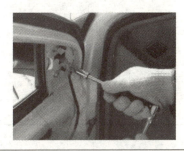

⑤后视镜总成线束插接器插入连接器座孔内

　后视镜总成线束插接器插入线束座孔，安装到位后，可以听到"嗒"的声响

⑥将蓄电池负极电缆临时连接到蓄电池负极上

　a. 蓄电池通电，主要为检查后视镜总成能否正常运行

　b. 检查完后视镜总成运行情况后，马上将蓄电池负极电缆拆除

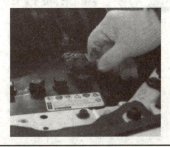

续表

⑦将点火开关置于"ON"挡,然后按动后视镜控制按钮,并观察后视镜总成能否上下、左右正常运行
　a. 若后视镜总成不能正常运行,应参照维修手册进行相关的检查
　b. 若检查结果是电路故障,则交由电工维修

（4）安装下门框支架装饰条（表2-43）

表2-43　安装下门框支架装饰条

①将扬声器分总成线束插接器插入扬声器分总成插接器座孔内 　扬声器分总成线束插接器插入线束座孔,安装到位后,可以听到"嗒"的声响	②将下门框支架装饰条固定扣对正孔位置,用手将其按入 　下门框支架装饰条固定扣安装到位后,可以听到"嗒"的声响
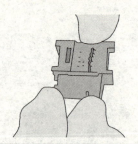	

2.3.4　保险杠的拆装与更换

2.3.4.1　前保险杠的拆卸与安装

（1）打开发动机罩（表2-44）

表2-44　打开发动机罩

①打开汽车左前门,拉起发动机罩锁控制拉杆分总成 　发动机罩锁控制拉杆是塑料件,拉起时用力要适度,以免将拉杆拉断,造成器件损坏	②用一只手轻轻拉起发动机罩,另一只手伸进发动机罩缝隙中,用手顶起发动机罩锁总成活动扣

续表

③用手撑起发动机罩，并且将发动机支撑杆插入发动机罩支撑孔内 将支撑杆插入发动机罩支撑孔时，要确保接触可靠，否则，发动机罩滑落会造成人身伤害	④将蓄电池负极端子电缆拆除 操作过程中，断开蓄电池负极端子电缆，防止损坏电气设备

（2）拆卸散热器上空气导流板（表2-45）

表 2-45　拆卸散热器上空气导流板

①用卡扣拆卸专用工具撬起卡扣 a.散热器上空气导流板卡扣共6个 b.将专用工具扣入卡扣并撬起，卡扣撬起时用力要适中，防止损坏卡扣	②取下散热器上空气导流板

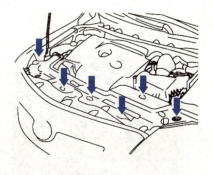

续表

③用十字螺丝刀拧松散热器格栅防护罩连接螺栓
  a. 散热器格栅防护罩连接螺栓共2个，左右各1个
  b. 拧松螺栓时，要使十字螺丝刀和螺栓保持垂直，防止螺栓在拧松时偏斜，损坏螺栓孔

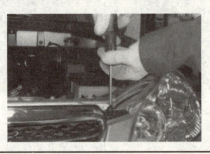

（3）拆卸前保险杠总成（表2-46）

表2-46　拆卸前保险杠总成

①将保险杠总成四周粘贴上保护性胶带 保护性胶带粘贴在保险杠总成四周，主要作用是防止保险杠总成边角碰到油漆表面而划伤漆膜 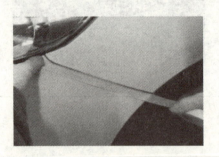	②使用一字螺丝刀，将销转动90°并拆下销固定卡扣 左侧和右侧程序相同 
③使用十字螺丝刀拧松前翼子板外界衬板连接螺钉，并将其取下 　a. 前翼子板外接衬板连接螺钉有2个，左右各1个 　b. 拧松螺钉时，应使十字螺丝刀与螺钉保持垂直，防止螺钉在拧松时偏斜，损坏螺钉孔 	④使用φ10mm套筒、接杆、棘轮扳手拧松发动机盖板上的12个螺栓，并将其取下 　拧松螺栓时，要使套筒和螺栓保持垂直，防止螺栓在拧松时偏斜，损坏螺栓孔 

续表

⑤使用十字螺丝刀拧松前保险杠下 3 个卡扣，并取下 	⑥使用 φ10mm 套筒、接杆、棘轮扳手拧松前保险杠上的 2 个螺栓，并将其取下 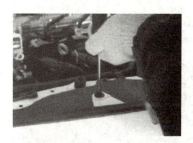
⑦两人配合双手扶住保险杠总成端角，向外侧轻拉，将总成与保险杠支撑架脱离 a. 保险杠总成为塑料件，拉动时用力适中，防止损坏保险杠总成 b. 用力点应是保险杠上端的手，轻轻往外侧拉动 	⑧两人配合，将保险杠总成沿车头方向移出 a. 移出时，两人配合要默契，动作一致 b. 雾灯连接线长度有限，不能移出过多，用力要适中 
⑨将雾灯插接器拔出。将保险杠总成反转 90°，让雾灯插接器朝上。用一只手扶住保险杠总成，另一只手拔出雾灯插接器的插头 	⑩拆卸前保险杠减振器。减振器是泡沫材料，取下时应防止损坏 

(4) 拆卸散热器格栅（表2-47）

表2-47　拆卸散热器格栅

①用卡扣专用拆卸工具将散热器格栅上的3个卡扣撬出 　卡扣为塑料件，撬动时震力要适中，防止撬断，损坏器件	②将散热器格栅沿卡扣相反方向移出，移出时要确保散热器格栅与保险杠平行，取下散热器格栅 　散热器格栅是塑料材料，取出过程中，如果遇到卡滞现象，不能硬拉，防止断裂

(5) 拆卸雾灯总成（表2-48）

表2-48　拆卸雾灯总成

①用十字螺丝刀拧下雾灯固定螺钉，并将其取下，同时取下雾灯总成 　拧松螺钉时，要使十字螺丝刀和螺钉保持垂直，防止螺钉在拧松时偏斜，损坏螺钉孔	②取下雾灯总成。松开固定螺钉后，雾灯总成会脱离保险杠护围，拆卸时，应用一只手托住雾灯总成
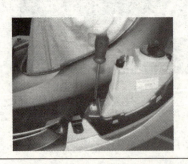	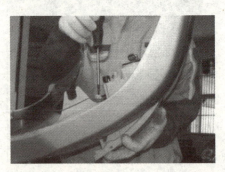

③将保险杠护围反转放在保险杠支撑架上
a. 反转保险杠护围放于保险杠支撑程上，以免掉落、划伤，造成漆膜的损伤
b. 便于对损伤部位的检查和修复

（6）安装雾灯总成（表2-49）

表2-49 安装雾灯总成

①将保险杠护围反转，放在保险杠支撑架上，并安装雾灯总成
  a.将雾灯总成卡扣装进保险杠护围雾灯支架内
  b.用手托住雾灯，不得使其有移动
  c.雾灯有左右之分，注意区分
	②使用十字螺丝刀拧紧雾灯固定螺钉。拧紧时，应使十字螺丝刀与螺钉保持垂直，以免在拧紧螺钉时偏斜，损坏螺钉孔

（7）安装散热器格栅（表2-50）

表2-50 安装散热器格栅

①将散热器格栅沿保险杠护围方向，对准卡扣位置装入。装入记号标志，以卡扣可以卡进槽内为准	②用手掌按住卡扣外侧，用适当的力度往里按进卡扣
	  a.散热器格栅为塑料材料，安装时用力要适中，防止损坏
	  b.卡扣安装到位时，可以听到"嗒"的声响

	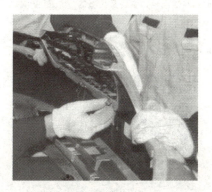

（8）安装前保险杠总成（表2-51）

表2-51 安装前保险杠总成

①将前保险杠减振器扣于保险杠上 保险杠减振器有4个凸起点，将4个凸起点位置扣入保险杠定位点时，注意区分上下位置 减振器是泡沫材料，放入时，防止损坏 	②将雾灯插接器的插头插入 a. 将保险杠护围翻转90°，让雾灯插头朝上。用一只手扶住保险杠护围，另一只手插入雾灯插接器的插头 b. 安装到位时，可以听到"嗒"的声响 
③把保险杠总成从支撑架上抬下，并配合沿车头方向装入 装入时，先将散热器格栅扣在散热器支架上，用一只手扶住，接着另一只手握住端部，将上边缘扣入侧支撑部件中 	④双手扶住保险杠总成端角，往内侧轻按，将保险杠总成上的6个卡爪装入前保险杠支撑架内 卡爪装入支撑架时，可以听到"嗒"的声响。保险杠总成安装到位后，应和翼子板、前照灯总成保持在同一平面上 
⑤将蓄电池负极电缆临时连接到蓄电池负极上 a. 蓄电池通电，主要是检查雾灯总成是否能正常运行 b. 检查完雾灯总成运行情况后，马上将蓄电池负极电缆拆除 	⑥将点火钥匙置于"ON"挡，并打开前照灯与雾灯控制开关，观察雾灯是否点亮 

续表

⑦检查前保险杠总成和前翼子板总成的配合间隙 安装到位后，前保险杠总成和前翼子板总成的间隙应小于3mm 	⑧用ϕ10mm套筒、接杆、棘轮扳手拧紧发动机底盖板上的6个螺栓 拧紧发动机底盖板螺栓时，要使螺栓保持垂直，避免拧紧过程中发生偏斜，损坏螺栓孔 
⑨用十字螺丝刀拧紧前翼子板外接衬板上的连接螺钉（左右各有1个） 拧紧螺钉时，要使螺钉保持垂直，避免拧紧过程中发生偏斜，损坏螺钉孔 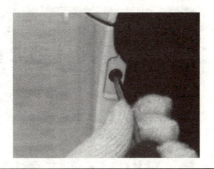	

（9）安装散热器上的空气导流板（表2-52）

表2-52 安装散热器上的空气导流板

①用十字螺丝刀拧紧散热器格栅防护罩上连接的2个螺钉 拧紧螺钉时，应使螺钉保持垂直，防止拧紧过程中发生偏斜，损坏螺钉孔 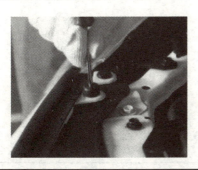	②把散热器上的空气导流板装入散热器格栅和散热器支架，并固定卡扣 散热器上的空气导流板卡扣共6个 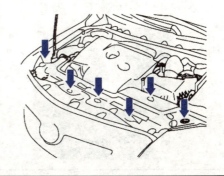

2.3.4.2 后保险杠总成的拆装与更换（表2-53）

表2-53 后保险杠总成的拆装与更换

（1）拆卸后尾灯　小心拆卸后尾灯 	（2）拆卸后保险杠　拆下防护盖，再拆下固定后保险杠的卡夹、螺钉与螺栓，最后取下后保险杠 
（3）安装后保险杠　从侧垫片位置固定保险杠，然后将卡钩钩上。最后，安装后保险杠角部传感器线束 	

2.3.5 前翼子板总成的拆装与更换

2.3.5.1 车身左前部翼子板更换（表2-54）

表2-54 车身左前部翼子板更换

（1）拆下发动机盖边缘饰件　用专用工具拆下卡扣，再拆下发动机盖边缘饰件 	（2）拆下左前翼子板上部紧固螺栓　用专用工具拆卸左前翼子板上部紧固螺栓 

续表

（3）拆下左前翼子板门边紧固螺栓　打开左前门，在缝隙中用专用工具拆下左前翼子板门边紧固螺栓

（4）拆开左前翼子板内衬紧固螺栓　拆下左前翼子板内衬紧固螺栓，再将翼子板拆开

（5）拆下左前翼子板下边紧固螺栓　首先将侧裙拆下，再拆下左前翼子板下边的2个紧固螺栓

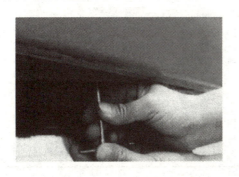

（6）拆下左前翼子板　轻轻拆下左前翼子板，避免将车身油漆刮花

（7）安装左前翼子板　安装左前翼子板时按照与拆卸相反的顺序进行即可

2.3.5.2 车身右前部翼子板更换（表2-55）

表2-55 车身右前部翼子板更换

（1）拆下右前翼子板　右前翼子板的拆卸顺序和左前翼子板一致 	（2）右前翼子板定位　将右前翼子板进行定位，保证位置准确 
（3）调整右前翼子板并紧固相关螺栓　调整右前翼子板并且将所有的螺栓紧固即可 	（4）验收前翼子板　将拆卸的部件全部安装好，然后进行验收检查 

2.3.6 发动机罩的拆装与更换

2.3.6.1 打开机舱罩（表2-56）

表2-56 打开机舱罩

①打开汽车左前门，拉起机舱罩锁控制拉杆分总成 　机舱罩锁控制拉杆是塑料件，拉起时用力要适度，防止将拉杆拉断，造成器件损坏	②用一只手微微拉起机舱罩，另一只手伸入机舱罩缝隙中，用手顶起机舱罩锁总成活动扣 　机舱罩锁总成是二级锁止机构，一级锁钩由拉索控制，二级锁钩为机械装置

续表

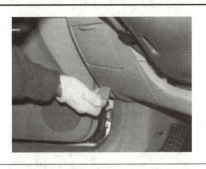 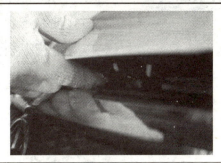

（3）用手撑起机舱罩，并将发动机支撑杆插入机舱罩支撑孔内
将支撑杆插入机舱罩支撑孔时，要确保接触可靠，否则，机舱罩滑落会造成人身伤害

2.3.6.2 拆卸机舱罩隔垫（表2-57）

表2-57 拆卸机舱罩隔垫

①用卡扣拆卸专用工具拆卸机舱罩隔垫上的7个卡扣 a.将卡扣专用拆卸工具卡入卡扣，并用力将其撬出 b.卡扣为塑料件，撬动时，不得硬撬，防止损坏卡扣	②双手握住隔垫，并取下 a.取下隔垫时，沿机舱罩水平方向取出 b.隔垫采用复合材料制作，不得折弯，防止损坏隔垫
	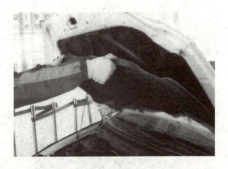

2.3.6.3 拆卸喷水器软管及喷水器分总成（表2-58）

表2-58 拆卸喷水器软管及喷水器分总成

（1）将喷水器软管和三通阀分离
①喷水器软管为橡胶材料，拔下时注意用力适中（最好用热水烫一下），防止软管破损
②三通阀有倒扣锁止装置，材料是塑料，拔下时，防止损坏三通阀

（2）将喷水器软管总成从机舱罩结构件中抽出
喷水器软管总成为橡胶材料，抽出时注意用力适中，防止损坏软管

（3）用一字螺丝刀拆卸喷水器分总成
①使用一字螺丝刀脱开2个卡扣，同时拆下喷水器分总成
②使用螺丝刀拆卸卡扣时，宜在螺丝刀头部缠上胶带

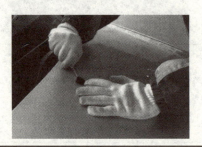

2.3.6.4 拆卸机舱罩分总成（表2-59）

表2-59 拆卸机舱罩分总成

①用φ14mm套筒、接杆、棘轮扳手拧松机舱罩铰链螺栓
拆卸机舱罩铰链螺栓时，用手扶住机舱罩，以免拆卸螺栓过程中机舱罩掉落，损坏挡风玻璃

②将机舱罩移出
移出机舱罩时，用一只手扶住机舱罩铰链端，将机舱罩放平、移出

2.3.6.5 安装机舱罩分总成（表2-60）

表2-60 安装机舱罩分总成

①将机舱罩抬到安装位置，一只手扶住机舱罩分总成端角，用另一只手拧上螺栓
 a. 安装过程中，用手扶住，交替拧紧铰链螺栓
 b. 拧紧铰链螺栓时，用肩膀顶住机舱罩分总成，以免滑落

②用φ14mm套筒、接杆、棘轮扳手预紧机舱罩铰链螺栓
 机舱罩铰链螺栓预紧后，不需拧紧力矩，利于间隙的调整

③将发动机总成关闭，并检查机舱罩分总成和翼子板之间的宽度间隙
 a. 将机舱罩分总成螺栓预紧后，检查一下机舱罩分总成和翼子板之间的间隙是否为2.3～5.3mm
 b. 机舱罩分总成与翼子板两边的间隙应保持一致

④移动机舱罩分总成，调整机舱罩分总成和翼子板之间的间隙
 若间隙不在标准范围内，应对其进行调整

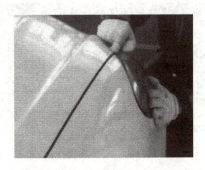

⑤用φ14mm套筒、接杆、棘轮扳手拧紧机舱罩铰链螺栓
 间隙合格后，用扭力扳手将螺栓拧紧，拧紧力矩为13N·m

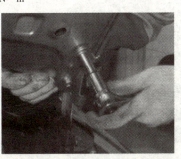

⑥将机舱罩分总成关闭，并检查机舱罩分总成和翼子板之间的高度间隙
 机舱罩分总成与翼子板之间的高度应一致，如果不一致，可转动橡胶垫，调节机舱罩前端高度

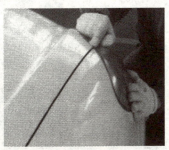

2.3.6.6 安装喷水器软管及喷水器分总成（表2-61）

表2-61 安装喷水器软管及喷水器分总成

①安装喷水器分总成
喷水器分总成为塑料材料，安装时注意方向，避免损坏

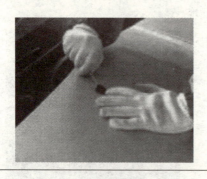

②将喷水器软管从机舱罩分总成结构件孔中穿入

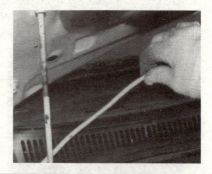

③将喷水器软管与三通阀接合
喷水器软管为橡胶材料，装入时注意用力适中（最好用热水烫一下），防止软管破损

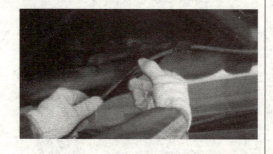

④将机舱罩分总成放下，打开点火钥匙二挡，开启喷水器开关，检查喷水器工作情况
雨刮开关是复合式组合开关，要使喷水器工作，将刮水器开关向上抬起即可

⑤在打开喷水器开关的同时，观察挡风玻璃，检查喷水器是否有水喷在挡风玻璃面上
检查清洗液在挡风玻璃上的喷射位置，通常在72～340mm范围内。如不在规定范围内，应对喷水器进行调整，调整后仍达不到规定范围的，进行更换

2.3.6.7 安装机舱罩隔垫（表 2-62）

表 2-62 安装机舱罩隔垫

（1）将机舱罩隔垫装入机舱罩分总成内侧
①机舱罩隔垫装入时，要将喷水器软管卡在隔垫内，防止因为喷水器软管外露而损坏
②隔垫装入时，要将隔垫扣入机舱罩固定槽内

（2）将隔垫上的7个固定卡扣卡入相应位置
①安装卡扣时，用一只手扶住机舱罩分总成上部，避免按下时，机舱罩往后倾斜
②卡扣为塑料材料，卡入时用力要适度，以免损坏卡扣

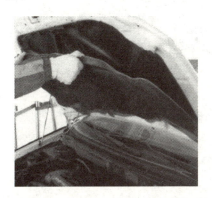

2.4 汽车装饰件的更换与调整

2.4.1 车外装饰件的更换与调整

2.4.1.1 前格栅罩的更换

（1）拆卸前格栅罩（图2-6） 首先，用卡夹专用工具拆卸8个卡夹；然后向上拉前格栅罩的边缘，使其从前格栅及凹槽中松开；最后，将发动机盖锁闩按钮穿过发动机盖内的孔就能将前格栅罩拆下。

（2）安装前格栅罩 安装前格栅罩时按照与拆卸相反的顺序进行，但必须注意下列事项。
① 检查卡夹是否损坏。若损坏必须更换新的卡夹。
② 推动卡夹使其紧固到位即可。

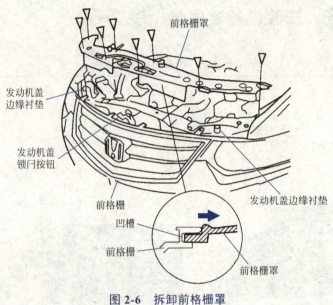

图 2-6 拆卸前格栅罩

2.4.1.2 前格栅的更换（表 2-63）

表 2-63 前格栅的更换

（1）拆卸前保险杠　首先，将前格栅罩拆下，然后拆下紧固的螺钉与卡夹，并推动轮罩拱部位的前保险杠，将其从侧垫片上的卡钩上分离开。接着，断开前雾灯插头、前照灯清洗器导管与前角部传感器插头，最后拆下保险杠	（2）拆卸与安装前格栅　拆下前格栅上的螺钉和卡夹，然后从前保险杠上松开前格栅卡钩，即可从前保险杠凹槽中取下前格栅 安装前格栅时按照与拆卸相反的顺序进行，注意以下两点 ①检查卡夹是否损坏，如果损坏则必须更换新的卡夹 ②推动卡夹与卡钩使其紧固到位即可
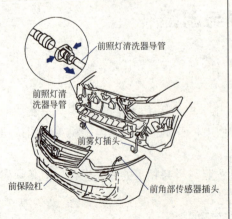	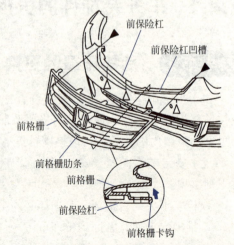

2.4.1.3 翼子板内衬的更换（表2-64）

表2-64 翼子板内衬的更换

（1）拆卸四个车轮轮胎 用千斤顶顶起车辆，接着分别拆下四个车轮轮胎 	（2）拆卸左前轮翼子板内衬螺钉 小心拆卸左前轮翼子板内衬的所有螺钉 
（3）拆下左前轮翼子板内衬 取下左前轮翼子板内衬，同时清理干净泥块等异物 	（4）新左前轮翼子板内衬 拿出新左前轮翼子板内衬准备安装 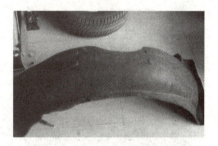
（5）安装左前轮翼子板内衬 紧固左前轮翼子板内衬上的所有螺钉 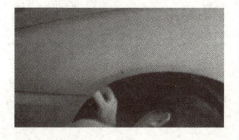	（6）安装从左前轮翼子板上拆卸的部件 将从左前轮翼子板上拆卸下的所有部件恢复安装即可 

续表

（7）安装后轮翼子板内衬　后轮两边的翼子板内衬的安装方法一样，安装时，必须注意防止内衬与减振器发生干涉 	（8）安装右前轮翼子板　调整右前轮翼子板内衬，再进行安装 
（9）安装右前轮翼子板内衬　紧固右前轮翼子板内衬上的所有螺钉 	（10）安装轮胎　将所有拆卸下来的轮胎装复即可 

2.4.1.4　挡风玻璃侧装饰件的更换（表2-65）

表2-65　挡风玻璃侧装饰件的更换

（1）拆卸挡风玻璃侧装饰件 ①首先，用手将装饰件上部固定座部分推向支柱侧，再用缠有保护带的螺丝刀轻轻地撬起装饰件，使其从固定座上松开。最后，逐渐向下移动，松开固定座 ②向后滑动装饰件，将其从底部卡夹上拆下	（2）拆卸底部卡夹　将底部卡夹转动90°，然后从车身上拆下，并检查底部卡夹是否损坏，若损坏则应更换新件

续表

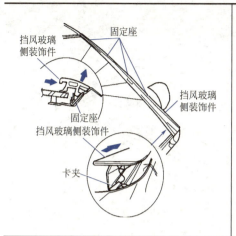

（3）安装底部卡夹 将底部卡夹安装在挡风玻璃侧装饰件上，同时保证卡夹凸出部位朝上

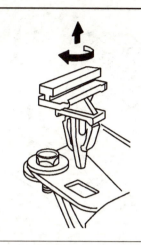

（4）安装挡风玻璃侧装饰件 拿起挡风玻璃侧装饰件，从顶部开始将装饰件上的孔和固定座对准，底部卡夹与车身内的孔对齐，然后推动装饰件，直到装饰件与底部卡夹固定到位即可

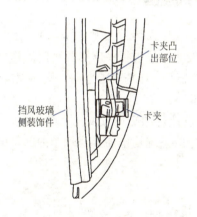

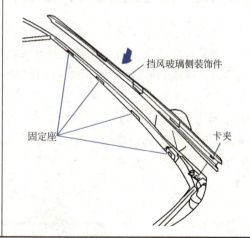

2.4.1.5 车顶定形件的更换（表2-66）

表2-66 车顶定形件的更换

（1）拆卸车顶定形件 在车身上粘贴保护胶带，然后使用修整工具撬起车顶定形件。最后，向上拉并且滑动车顶定形件，以便从销上松开前部支架，即可从挡风玻璃定形件下拆下车顶定形件。接着拉动拆下整条车顶定形件

（2）安装车顶定形件 在车身上粘贴保护胶带，然后安装好销及支架。最后，按照一定顺序向下按压车顶定形件即可安装

续表

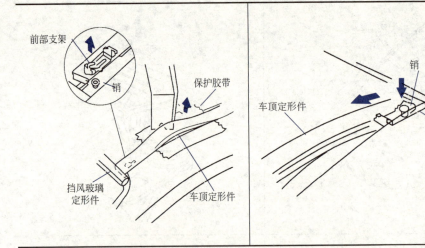

2.4.2 乘坐室部件的更换与调整

汽车发生严重事故时，乘坐室内的部件会发生损坏，必须进行修理。造成乘坐室部件损坏的因素有：气囊爆开导致挡风玻璃、仪表板、座椅及车门装饰件的损坏；人体或物品碰到汽车内饰件引起塑料件裂开、座椅骨架弯曲；侧面撞击时，车门立柱与车门的变形造成一些内饰件的损坏。

现代汽车的内部装饰很豪华，乘坐室被设计得漂亮而且安全（图2-7）。大量的新型固定方法、电动座椅、音响系统和导航系统均增加了修理车内部件的成本和复杂程度。

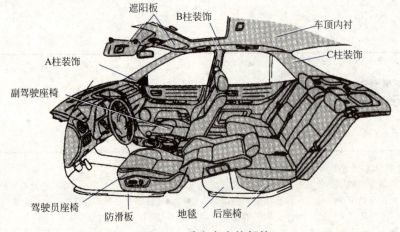

图2-7 乘坐室内的部件

乘坐室内部的主要总成包括如下几部分。

① 仪表板总成，包括仪表板、仪表组、暖风空调通风装置、音响系统及相关部件。

② 仪表组装在仪表板总成内，一般包括报警灯、各种仪表和车速里程表等。

③ 座椅总成，包括座椅调节滑轨、坐垫、头枕及装饰件，还包括一些电动座椅附件（如座椅电动机、传动总成和加热元件等）。

④ 内饰件，包括装在乘坐室内的立柱、顶盖、门槛及其他部件上的塑料板、塑料盖和嵌条（图2-8）。

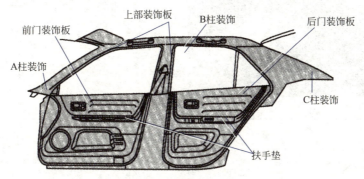

图2-8　车门及立柱装饰板件

⑤ 转向柱总成，它用一根长的钢轴将方向盘的转动传递给转向器总成，转向器再将这个转向动作传递给前轮。

⑥ 车顶内衬总成，车顶板内侧用布或聚乙烯树脂罩盖，装有把手、内部照明灯及静音材料。

⑦ 地毯，装在地板上面的织物保护层并衬有静音材料。

⑧ 密封条，围绕在车门框周围防止空气与水从车门外进入。

2.4.2.1　车顶内衬的更换（表2-67）

表2-67　车顶内衬的更换

（1）拆卸车顶控制台 ① 首先拆下透镜，再拆下螺钉，并拉出前独立阅读灯 ② 断开前独立阅读灯插头，再断开天窗开关插头 ③ 拆下螺钉，将控制台前部拉出，并松开后卡钩以拆下车顶控制台 	（2）拆卸遮阳板　将缠有保护胶带的一字螺丝刀插入托架罩前侧的孔中，推动卡钩，然后保证卡钩解锁，最后拆下遮阳板 

(3)拆卸支柱装饰件与拉手
①用手拆下支柱装饰件
②放低拉手,然后应用小型一字螺丝刀在槽口处撬动,将罩拉出,最后拆下螺钉,将拉手取下

(4)拆卸车顶内衬 从车顶控制台框口处断开天窗副线束插头,并脱开线束卡夹,慢慢地放低车顶内衬,然后搬出车外

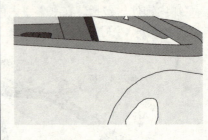

(5)准备安装新车顶内衬 将新车顶内衬放到车内,然后调整好安装位置

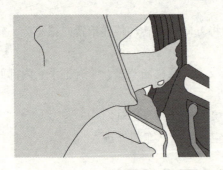

(6)安装新车顶内衬 按照与拆卸相反的顺序安装新车顶内衬,保证车顶内衬装饰件紧密相连

注意:安装车顶内衬时,不要将其折叠或弯曲。此外,不要刮伤车身

(7)安装各种装饰件 按照相反的顺序重新安装拆卸下来的装饰件,接着安装拉手、遮阳板、车顶控制台等。安装完成后应重新对天窗功能进行匹配

2.4.2.2 内饰件的更换（表2-68）

表 2-68　内饰件的更换

（1）内饰件的种类　在乘坐室内的各种装饰件（板）不仅能改善外观，而且可以提高安全性。大多数内饰件用塑料卡夹或小螺钉固定，螺钉头包有塑料塞或塑料装饰件

乘坐室内主要的内饰件包括立柱装饰板、仪表板、车门装饰板、玻璃装饰板、门槛盖板或防滑压板和遮阳板

（2）内饰件的修理　修理内饰件时首先要确定它们的固定方式，大部分紧固件隐藏在塑料塞或盖板下面。修理装饰件时要注意下列事项

①在拆下塑料卡夹之前必须拆下所有隐藏部位的金属螺钉

②使用叉状工具伸到装饰件后面，力量应作用在卡夹头部或附近，防止装饰件断裂

③断开蓄电池和各种线束，避免造成线束短路

④将所有拆下的紧固件统一放好，不得丢失

⑤从顶部开始按顺序拆卸装饰件

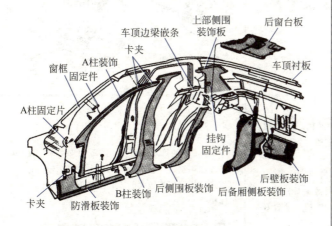

2.4.2.3 座椅的更换

汽车上的座椅有斗式与长条式两种，这两种座椅的更换方法相似，具体见表2-69。

表 2-69 座椅的更换

（1）前座椅的部件　前座椅包括坐垫、座椅靠背、头枕、头枕导杆、倾斜度调节器和座椅滑轨

（2）前座椅的拆装　座椅滑轨通常用四个高强度螺栓固定在地板上，螺栓上可能有塑料装饰件。将座椅向前或向后滑动，拆除座椅前部和后部的固定螺栓可卸下座椅

安装前座椅时，先将座椅抬进车内，重新连接所有的电动座椅线束。用扭力扳手按照规定力矩拧紧座椅固定螺栓。螺栓拧得过松、过紧或不用扭力扳手拧紧座椅固定螺栓，则会在碰撞中发生断裂

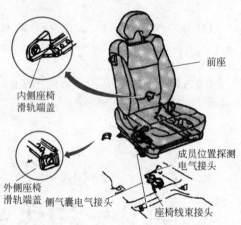

（3）后排座椅的拆装　后排座椅一般用螺钉或簧压式卡夹固定。拆下后部座椅螺钉后，向后推座椅，再向上抬出座椅

拆卸使用弹性夹箍固定座椅时，用手向下和向前压座椅，使得座椅脱开弹性夹箍。安装时先将座椅装到位，再向下和向后推动座椅，啮合好弹性夹箍

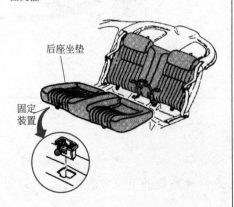

（4）座罩的修理与更换　座罩通常用布、聚乙烯树脂或皮革制成，包在座椅总成上。损坏较小时，可以修理。座罩损坏较大时，若需要更换座罩，必须分解座椅

2.4.2.4 地毯的拆装（表2-70）

表2-70 地毯的拆装

（1）拆卸座椅及装饰件
①首先将前、后排座椅拆下，移出车外
②然后拆卸车门框口密封件以及立柱下装饰件，方便拆除地毯

（2）拆除旧地毯
①首先，从两个后加热器导管卡钩处松开地毯，再拆卡夹
②脱开将地毯紧固到两侧车门门槛区域的卡夹
③从仪表板下向外拉动地毯，再穿过地毯孔向外拉出座椅线束，最后拆下地毯

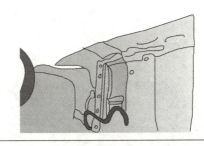

（3）旧地毯

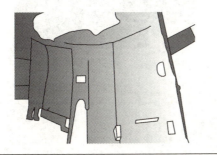

（4）新地毯

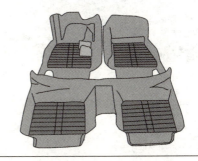

（5）安装地毯　按照与拆卸相反的顺序安装地毯
①小心不要损坏、折皱或扭曲地毯
②保证座椅线束布线正确
③滑动地毯孔至后加热器导管上
④如果紧固地毯至地板的卡夹损坏或因为重压受损，则更换新的卡夹
⑤更换两侧车门门槛区域的卡夹，可更好地紧固地毯

（6）安装座椅　按照与拆卸相反的顺序安装座椅及其他部件，最后需对电动座椅功能进行匹配

2.4.2.5 仪表台的更换（表 2-71）

表 2-71 仪表台的更换

（1）拆卸仪表台内部储物盒
①拆下仪表台储物盒底板
②拆下螺钉，然后使用合适的修整工具撬动卡钩以打开盖子
③在上卡钩处向上转动内箱盖以脱开下卡钩，再将仪表台储物盒拆下
④拆开侧边熔断器/继电器盒

（2）拆除驾驶人侧有关部件
①松动方向盘倾斜/伸缩锁杆，并向上调节转向柱。保持锁杆处于松弛状态
②拆下螺钉，拉出底部下护板，再拆下驾驶人侧仪表板下盖及其他装饰件

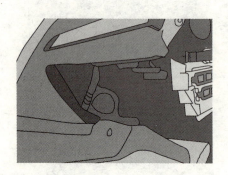

（3）拆卸中央扶手盒
①向上拉起变速杆中间装饰件，便于脱开卡夹并松开卡钩，然后拆下装饰件
②松开中央扶手盒侧边肋条，接着拆下中央扶手盒

（4）拆除中央控制面板相关部件　用手拉出中央控制面板便于脱开卡夹，并断开危险报警灯开关、出风口开关等插头，然后拆下中央控制面板

续表

（5）拆除仪表板　首先，拆下仪表板上的开关。再拆下仪表板的紧固螺栓即可拆下仪表板 	（6）拆卸DVD导航系统　拆卸仪表台中央的DVD导航系统 
（7）抬下仪表台　拆下仪表台左右两边和底部紧固螺栓，小心地从车内抬下仪表台 	（8）安装仪表台　按照与拆卸相反的顺序安装仪表台，并注意下列事项 ①确保各插头正确插入 ②如果卡夹损坏或因为重压受损，则更换新的卡夹 ③推动卡夹与卡钩使其紧固就位 ④保证驾驶人侧面板和乘客侧面板的肋条与仪表台储物盒紧固连接 ⑤紧固仪表台螺栓到规定力矩 ⑥安装完成后，必须进行故障码清除处理

2.4.2.6　天窗内相关部件的更换

（1）天窗挡风板的更换（表2-72）

表2-72　天窗挡风板的更换

①拆卸挡风板连接件。完全打开天窗玻璃，再用工具撬开挡风板两边的连接件 	②拆下挡风板。小心地拆下挡风板 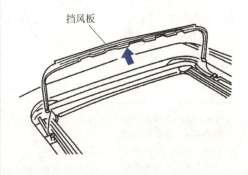

续表

③拆卸挡风板基座。撬起挡风板基座并且松开卡钩,然后拆下挡风板基座及两侧的弹簧

④安装挡风板。按照与拆卸相反的顺序安装挡风板,并注意下列事项
  a. 保证挡风板安装位置正确
  b. 安装完成后必须重新设置天窗控制系统

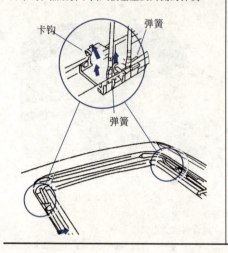

(2) 天窗排水槽的更换 (表 2-73)

表 2-73 天窗排水槽的更换

①拆卸排水槽连杆。拆下天窗玻璃,然后使用天窗开关将两个天窗玻璃托架移动至遮阳板正常向上倾斜的位置,最后断开两侧的排水槽连杆

②拆卸排水槽。向前滑动排水槽,推动两卡夹的同时,向后拉动排水槽后缘,就能从排水槽滑块的两个卡钩上拆下排水槽

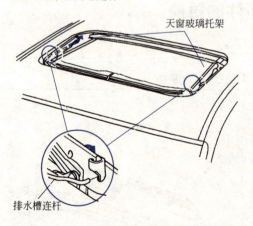
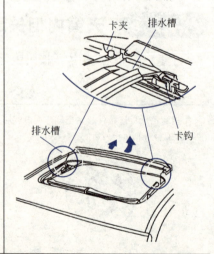

③安装排水槽。按照与拆卸相反的顺序安装排水槽,并注意下列事项
  a. 推动卡夹,使其牢固到位
  b. 检查天窗玻璃的调整位置,必须调整正确
  c. 使用无喷嘴的软管浇水来检查天窗玻璃是否漏水,严禁使用高压水进行检漏

（3）天窗遮阳板的更换（表2-74）

表2-74　天窗遮阳板的更换

①拆卸天窗遮阳板滑块垫片。首先，拆下天窗玻璃与排水槽；然后，滑动天窗遮阳板直到能够看见两个天窗遮阳板滑块垫片；最后，分别拆下两边的4个螺钉，即可拿掉两个天窗遮阳板滑块垫片

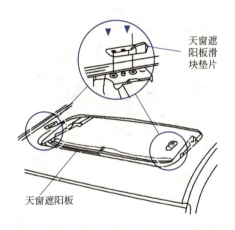

②拆卸天窗遮阳板。首先，升起天窗遮阳板前部，同时向前移动天窗遮阳板，直至看见天窗遮阳板后卡钩；然后，拆下4个螺钉即可拆下两个卡钩；最后，拆卸天窗遮阳板

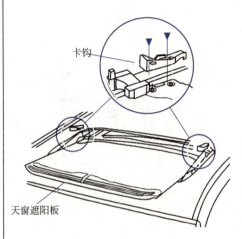

③拆卸天窗遮阳板支座滑块。拆下两个前天窗遮阳板支座滑块和两个后天窗遮阳板支座滑块

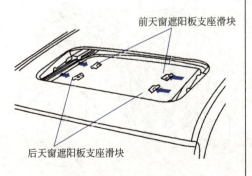

④安装天窗遮阳板。按照与拆卸相反的顺序安装天窗遮阳板，并注意下列事项
　　a. 推动卡夹，使其牢固到位
　　b. 检查天窗玻璃的调节位置应正确
　　c. 使用无喷嘴的软管浇水来检查天窗玻璃是否漏水，严禁使用高压水进行检漏

（4）天窗框架和排水管的更换（表2-75）

表2-75　天窗框架和排水管的更换

①拆开排水导管。首先拆下天窗玻璃及车顶内衬，然后断开排水导管

②拆卸天窗框架
a. 由一人固定住天窗框架，另一人从后部开始拆下10个螺栓，并向前移动天窗框架，再松开后卡钩
b. 通过前车门框口小心地将天窗框架拆出。小心不要刮伤车内装饰件和车身，或撕裂座椅罩

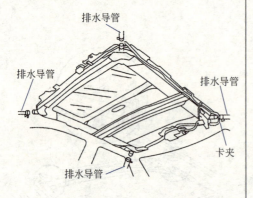

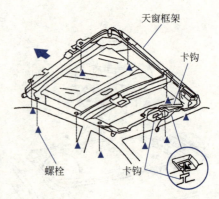

③拆卸前排水管
a. 首先拆开门柱装饰板
b. 脱开紧固前排水管的卡夹，再从导管卡夹上拆下排水管
c. 从车身上拆下前排水阀

④拆卸后排水管
a. 首先拆下后备厢内衬
b. 从管道卡夹上卸下后排水管。从车身上拆下后排水阀，并用细绳系住排水管顶端，然后将排水管从后支柱中拉出。将细绳留在支柱内，有利于重新安装排水管时再次使用

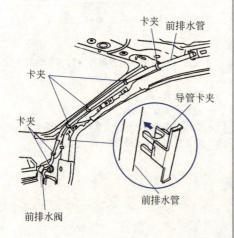

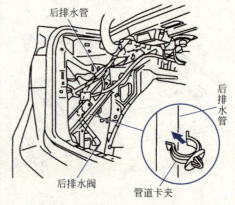

续表

⑤安装天窗框架和排水管。按照与拆卸相反的顺序安装天窗遮阳板，并注意下列事项
 a. 安装天窗框架之前，使用压缩空气清洁排水管和排水阀
 b. 安装时，将新排水导管前端系在支柱内留下的绳子上，然后向上拉入车顶
 c. 检查天窗框架密封条
 d. 清洁天窗框架表面
 e. 安装天窗框架时，先将后卡钩设置在车身定位孔内
 f. 确认各种插头插接应适当
 g. 连接排水管时，要将排水管滑过天窗框架喷口孔至少 10mm
 h. 推动卡夹，使其牢固到位
 i. 检查天窗玻璃的调节位置，应正确
 g. 使用无喷嘴的软管浇水来检查天窗玻璃是否漏水，严禁使用高压水进行检漏

2.5 钣金件修复

2.5.1 车身钣金修复

2.5.1.1 车身伤痕的修复（表 2-76）

表 2-76 车身伤痕的修复

（1）细小伤痕的修复　若发现车身有细小伤痕，可用抛光剂处理，以直线方式擦拭，等到伤痕消失后打上蜡	（2）一般伤痕的修复　车身伤痕只在表面，没有露出车身金属就不会氧化生锈。可使用修补笔的笔尖一点一点将表面漆涂上。当漆面干后使用抛光蜡抛光即可

（3）较深伤痕的修复　车身出现较深伤痕并且可以看到车身金属生锈，修复时首先应进行除锈，然后涂上防锈漆，等到漆干后填补腻子使腻子完全进入伤痕内部。最后，涂表面漆、上蜡，抛光即可

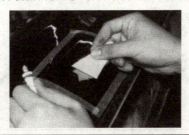

2.5.1.2 车身凹凸的修复

对于车身凹凸性损伤，可采用锤击法或顶拉法修复。对于较小的车身凹凸性损伤，可将垫铁垫在凹处最低部位的背面，用锤敲击，并相应变换垫铁位置。当凸起处基本敲平，凹陷部位由于垫铁的反作用力，也会大部分恢复。然后，观察钣金件的总体平顺程度，有针对性地做一些细微的修整，即可使车身凹凸损伤修复。对于较大的凹陷，可使用垫板垫在凹陷部的背面，用撑顶工具直接顶起。为减少顶出力，必要时可将凹陷部位加热至暗红色。顶出时应考虑回弹问题。如果表面有较大的延展性凸起，可使延展处金属适当收缩，如损伤部位很难放进垫铁，可在凹陷部位钻孔，孔数尽量少，孔径尽量小，然后用铁丝折成钩形，从孔内扣牢，再施以外力拉伸，等到合乎要求时，抽出铁丝，再将焊孔磨平。下面以左前车门凹凸为例说明操作方法，具体见表2-77。

表2-77 车身凹凸的修复

（1）左前车门凹凸修复前

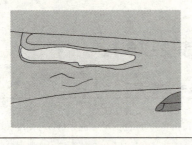

（2）拆开左前车门内饰板

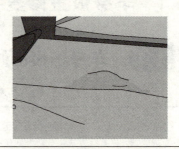

（3）修复工具从车窗伸入

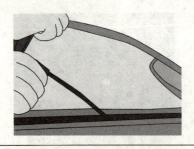

（4）顶出凹陷

（5）继续校正凹凸位置

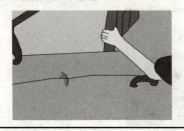

（6）完成修复

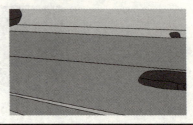

2.5.1.3 撑拉法修复

车身框架、梁和柱的变形,可用撑拉法修复,撑拉作用力的方向应和变形力的方向相反。撑拉法是支撑法与拉拔法的简称,具体见表2-78。

用撑拉法修复车身框架、梁和柱时,应在车身钣金件与撑拉工具接触处垫上垫板,防止造成新的损伤。

表2-78 撑拉法修复

(1)支撑法 如车顶右前角受撞击后塌陷,造成右门框和挡风玻璃框右前角变形,车门无法闭合,此车框架变形的重点在车门框右上角处。将撑顶器顶在门框右上角和左下角之间,转动手柄,让两端螺杆伸长,随着撑顶器螺杆的伸长,车顶右上角逐渐上升,挡风玻璃框也一同复位,门框也可逐渐复原 	(2)拉拔法 如车头受撞击,造成前骨架内凹,这时可用手动起重器,一端固定在前骨架受损处;另一端固定在坚固的柱、壁上,拉动导链,使得铁链拉直,前骨架凹陷处将逐渐复位 

2.5.1.4 车身锈蚀的修复

由于车身钣金件油漆的脱落,受水等物质的侵蚀,破坏了车身内外表面防护层,使车身逐渐锈蚀。车身锈蚀的修复方法是,首先用钢丝刷(或砂纸)将损坏部位的漆面除掉,然后根据损坏程度决定是更换整块钣金件,还是修复损坏部分。若损坏比较严重,最好进行整块更换。若损坏较轻,则需将该部位挖去,以相应的更新件,采用焊接的方法镶补修复,即运用挖补技术修复车身锈蚀。车身锈蚀的修复具体见表2-79。

表2-79 车身锈蚀的修复

（1）根据损伤程度确定挖补范围 修理前，先检查钣金件的损坏位置和程度，确定挖补的范围，具体原则如下

①在保证有效去除锈蚀部位的前提下，挖补范围尽可能缩小

②在挖补部位的切除线之间，为避免有尖角存在，应以圆弧曲线过渡，防止尖角处应力集中，以致产生裂纹

③为方便焊接和矫正，切除部位的切除线，应避开加强腹板和棱筋线。若不能避开这些部位，则需扩大挖补范围

④在条件许可时，挖补部位应考虑焊接、矫正的方便性

（2）按挖补范围制出下料件 对于构件几何形状比较复杂，几何制图又较麻烦的，可以在构件上制出下料件样板。形状较简单且又规律的构件，可以直接在板料上划线，然后切割。如果镶补件边缘有折边、卷边的，切割时需留出加工余量

（3）加工成形 将下料件按照有关钣金成形的加工工艺制成镶补件，使之与待切除部位表面形状完全相符。当镶补件部位的边缘存在折边或卷边时，先制成所需的几何形状，再折边或卷边。对于几何形状比较复杂的物件，且不易与原部位吻合的部件，可先放出加工余量，等到焊接矫正后，再按原构件的形状进行折边或卷边

（4）切除损伤部位 将镶补件按原定位置贴靠、夹紧，划出切除部位边缘线，为挖补时对位和划线做准备。如果切除范围较大，可先用焊炬或割炬沿切除线内的较小范围进行切割，然后用钣金剪沿切除线剪切，最后用锉刀修正切除线，修正后，镶补件和切除线之间的间隙不大于1mm，避免焊接时产生收缩变形

续表

（5）焊接　先在对接好的缝口，按照30mm左右间距进行定位焊接镶补件，经过1次敲击整平后，再顺次施焊。施焊时，焊接方向由内向外，从右往左，分段进行焊接。焊接时优先选用CO_2气体保护焊

（6）整平焊缝　用钣金锤敲击整平焊缝，以消除焊缝及四周的焊接应力

（7）修磨平镶补件　用磨光机根据规定的操作程序修磨平镶补件

2.5.2　车身表面凹坑的检查与修复

2.5.2.1　车身凹坑的检查

在汽车使用过程中，由于多种原因会在车身表面上形成一些坑、包、划伤、裂纹、褶皱、拉延压痕等各种缺陷。因为车身表面的坑、包缺陷属于常见缺陷并且不容易检查出来，所以必须采取有关的方法进行检查。表2-80为各种坑、包的检查方法。

表 2-80　各种坑、包的检查方法

（1）目视检查　通过人的双眼直接发现车身凹坑的位置和类型，这种检查方法简单、快捷，需要有丰富的实际生产经验。一般是利用充足的光线，采取一定的角度，对车身各部位进行仔细观察

由于车身表面感光度比较差，对于一些小凹坑采取目视检查难度比较大，必须借助喷漆灯进行照明检查。在喷漆灯光的折射作用下，极易发现这种坑、包

（2）手感检查　手感检查是车身表面检查的一种主要的方法

手感检查主要是将手掌放平，四指并拢，把手放在需要检查的部位。手掌要与车身表面贴合，用适当的力在贴合面上往返运行。摸到凹凸处时会有异常的感觉

（3）油石检查　用油石可以准确检查出车身表面件上坑、包缺陷位置和大小，以及检查修复过程中缺陷变化的情况。油石的使用方法如下

①首先应清除油石及表面件的油污和杂质

②油石在运行过程中，需注意要与表面件紧密贴合，运行力度要均匀适中，作用力应均匀分布在油石作用面上

③油石检查过程中，发现异响时要立即停止工作，用纱布清除其表面杂质或铁屑后，重新使用

④在检查弧面时，要将油石倾斜一定角度，角度的大小和弧面的弧度有关，弧度越大，倾斜的角度越大

⑤油石在车身的表面上每次运行的痕迹宽度应超过油石宽度的一半以上，调整油石和运行方向的角度，可以增加运行面积的宽度

⑥油石检查弧面后必须要用手感重新检查，手感发现异常处往往是油石检不到的缺陷（油石在一定弧面上或弧面缺陷比较大时检查不到）

⑦用油石检查时，运行的距离和检查的位置有关，行程要保持一定长度，不得过长或过短。通过油石在车身表面滑过时产生的痕迹来显示表面的实际凹陷或凸起状况，油石磨痕在车身表面形成突出的亮点就是凸起包，油石磨痕在车身表面断续的部分就是凹陷坑

油石检查

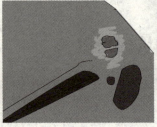
凸起包

凹陷坑

2.5.2.2 车身表面小坑的修复（表2-81）

表2-81 车身表面小坑的修复

（1）小坑的特点　小坑是车身钣金件缺陷中比较常见的，主要指那种面积不大、深度也较浅的坑。与其他类型的缺陷相比，小坑的消除也较为容易。

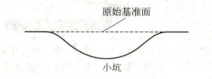

（2）小坑顶起的操作

①首先根据小坑所处的位置，选择形状和大小适中的小型撬棍。

②将撬棍伸入车身内，稍稍用力在外板内侧来回轻轻滑动，力量的大小以不使钣金件产生凸起变形，而在外面又可以看到撬棍头部滑动的位置为准。注意观察撬棍头部的位置，将撬棍头部对准小坑的最低点，然后向上顶起。

③顶起时目视小坑顶起的幅度，当凸出部分稍稍超过钣金基准面时停止用力。

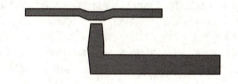

（3）拔坑器拔起小坑操作　对于一些在撬棍顶不到位置的缺陷，例如车身上双层板或多层板的部位，可以采用拔坑器修复（以电焊拔坑器为例）。

①操作前，检查电极头是否清洁，清除氧化层。如果不清除氧化层，则会导致焊接不良，焊点无法承受将坑拉起的拉力。对小坑表面也应进行清洁，防止因油污造成焊接缺点。

②将拔坑器的地线搭接在缺陷工件非表面的位置，注意必须要导电良好。将拔坑器的电极头保持垂直状态顶在小坑的中心位置上，按下按钮接通电流，使得电极头焊接到金属表面。

③用合适的力度沿垂直方向慢慢将小坑拔起至略高于基准面，然后沿轴线方向旋转，使电极头脱离金属板（这时如果脱离轴线，将会导致焊接处变形）。

2.5.2.3 车身表面漫坑的修复（表2-82）

表2-82 车身表面漫坑的修复

（1）漫坑的特点 漫坑一般指坑的面积比较大，但不是很明显而且没有死点的坑，往往是在车身调整过程中引起的

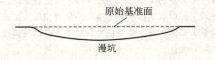

（2）变形撬棍顶在漫坑的操作 当漫坑为圆形时，应从中间向周围分散修复，顶起时采用交错梅花点的点位修复，如果从周围向中间修复，修复到最后中间点的位置容易产生因应力导致的死点。当漫坑为长条状时，修复时首先应定准基准面，修复时保持与基准面一致。一般选用扁形头撬棍修复，用力要适当，受力点要均匀。也可用拔坑器在车身上进行多点焊接铜焊丝修复

（3）校正漫坑的操作 无论用撬棍还是拔坑器修复，要点均相同，在修复漫坑时，需要多次用力顶坑（或拉拔），采用顶坑的方式时，先顶坑的最深处，顶起的幅度不能过大；然后再选择坑的最深处；依次将漫坑处恢复至原尺寸状态。注意：每次顶坑时不得用力过大，力量足够顶起即可，否则易造成该区域钣金件产生不规则的波浪形，高高低低，像起伏的山脉，坑没有消除，又出了包。金属板材承受多次反复高低变形，板材晶体产生较大的损伤，难以修复

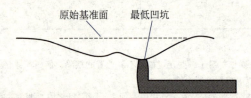

2.5.2.4 车身表面死点坑的修复（表2-83）

表2-83 车身表面死点坑的修复

（1）死点坑的特点 一般面积较小且较深，底部尖的坑，称为死点坑。修复时方法不当，会导致修复面积越来越大，或在死点处修漏，这类坑修磨不良，会产生待修件报废

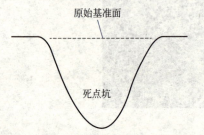

（2）圆形撬棍头顶死点坑的操作 对于死点坑使用撬棍修复，可根据死点坑的具体情况选用不同型号的撬棍头部尖角。顶坑时，撬棍头部顶住坑底部的最低点，也就是尖部进行修复

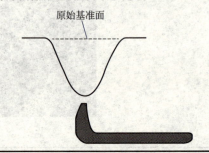

续表

（3）校正死点坑的操作 坑尖处隆起后，有时周边会产生凹坑，需要再顶周边的坑。依次下去，每次顶坑幅度不能过大。最后，恢复到原始设计尺寸即可

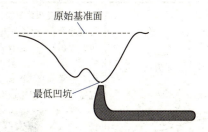

2.5.2.5 车身表面小包的修复（表 2-84）

表 2-84 车身表面小包的修复

（1）小包的特点 与原始基准面相比，凸起较小，无尖点，头部较圆滑的包称为小包

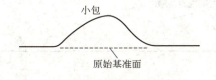

（2）垫铁修复小包的操作 将垫铁垫在小包钣金件的底部，然后用钣金锤敲击包的顶部，将包敲击至与原始基准面相一致，但在敲击过程中，不得使钣金件产生塑性变形及硬化现象

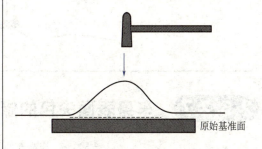

（3）冲子修复小包的操作 将铁冲子顶在包的顶部，用撬棍把或是打板敲击冲子顶端，在敲击过程中，敲击力度要由轻变重，最后使小包慢慢消失

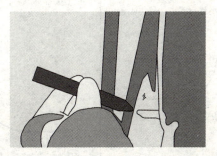

2.5.2.6 车身表面漫包的修复（表 2-85）

表 2-85 车身表面漫包的修复

（1）漫包的特点　将面积较大、无尖点、起伏弧度较大的包称为漫包

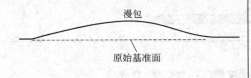

（2）尼龙板修复漫包的操作　一般采用尼龙板、尼龙冲子、钣金小尼龙锤、垫铁以及一些打磨工具。包的面积较大，选择板的宽度就大一些；反之，板的宽度就小一些。敲击时，板的宽度过大，易导致钣金件漫包及其周边整体下降，形成大坑；钣金件宽度过小，容易形成多个长条坑，形成钣金波浪

（3）校正漫包的操作　第一次敲击后，包顶部略低于周边而高于钣金件基准面时，需在另一个后形成的小包处（此小包和其他处相比为最高点）采用尼龙垫板配合小锤进行敲击。依次敲击下去，直到漫包表面平整。但要注意随着包的面积的减小，应合理更换小型垫板

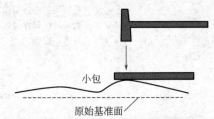

2.5.2.7 车身表面尖包的修复（表 2-86）

表 2-86 车身表面尖包的修复

（1）尖包的特点　与周围的基准面相比有一个比较明显的凸起，凸起的面积小且有尖点，称为尖包

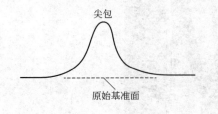

（2）尼龙棒尖修复尖包的操作　将尼龙棒尖对准尖包的包尖，用小尼龙锤敲打尼龙棒端部，尖包的尖部下降后，会带动周围部分凹陷下去

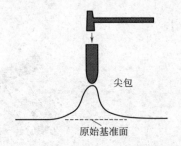

续表

（3）校正尖包的操作　应继续对尖包的顶部进行敲击，直至尖包恢复到与周围的基准面平齐

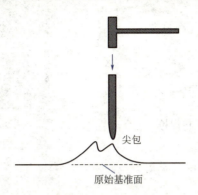

2.5.3　车身塑料件的修复与更换

2.5.3.1　塑料件的焊接

（1）塑料焊枪（图2-9）原理　塑料钣金件焊接使用塑料焊枪，它是采用陶瓷或不锈钢电热元件来产生热风，热风的温度为230～340℃。热风通过焊嘴吹到塑料钣金件和焊条上，使其软化，将加热后熔化的塑料棒压入接缝即可。在焊接过程中，塑料的收缩量比金属大，所以在焊接时应多留焊接余量。

（2）塑料焊枪操作（图2-10）

① 操作前检查塑料焊枪焊嘴和枪身螺钉是否松动或脱落，电源线是否完好。然后，将塑料焊枪机接到220V的电源上。

② 使用塑料焊枪时必须轻拿轻放，避免碰坏焊枪内的耐热陶瓷条。

③ 焊接过程中注意焊嘴和枪头部位不要过于靠近人体、衣物以及塑料焊枪电源线，防止烫伤和烧熔电源线。

④ 严禁把塑料焊枪当作电吹风等使用。

⑤ 必须根据塑料钣金件的厚薄及塑料焊枪的功率大小，随时调稳压器，确保在230～340℃之间的工作温度，禁止将塑料焊枪管烧得过热。

⑥ 焊接过程中，如塑料焊枪出现异常的响声等现象，应马上关闭或切断电源。

⑦ 焊接完毕时，必须按照正确的操作顺序进行关闭。将塑料焊枪轻放于工作台上，避免枪头与塑料钣金件和电源线接触。将调压器调到零位，保持足够的冷却时间，以免损坏塑料焊枪。

⑧ 等到塑料焊枪冷却后切断电源，清扫工作场地，把所有的工具及材料放好。

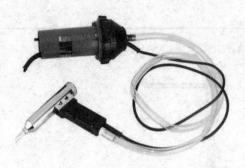
图 2-9 塑料焊枪

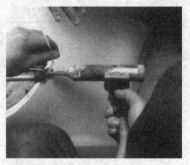
图 2-10 塑料焊枪操作

（3）塑料焊枪焊接作业（表 2-87）

表 2-87 塑料焊枪焊接作业

① 焊前准备

a. 首先清洗塑料钣金件表面的油污，将破裂的部位修剪成 V 形坡口

b. 当塑料钣金件的变形和断裂并存时，应先进行热矫正

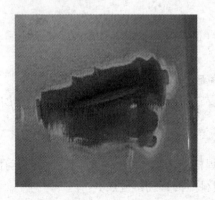

② 焊接开始

a. 调节到合适的焊接温度

b. 选取适用于塑料件类型的焊条和焊嘴

c. 焊嘴和塑料件表面平行，焊嘴离焊缝 12～13mm，塑料焊枪倾角为 30°。焊条垂直于塑料件，焊条放在焊缝起点，同时将焊条压进 V 形焊缝坡口，通过加热来调节熔化速度

d. 正常焊接阶段，一只手向焊条施加压力，同时借助塑料焊枪的热量将焊条和塑料件加热并保持扇展动作，使之保持适当的平衡

e. 当需要另接一根焊条时，需在焊条尚未太短而不够连接之前即停止焊接。随后将焊条与塑料件接触快速切断。新焊条也切成 60°，以保证接合处平滑过渡

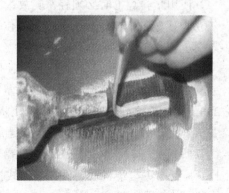

续表

③焊接检查。观察焊缝，沿着接触面两侧焊条与塑料钣金件应完全熔合。焊条不能比焊接前拉长或压粗，良好的焊缝通常在焊缝的两侧出现小流线或波纹，说明压力和热量适中，焊条与塑料钣金件完全熔合

④焊接结束
a. 焊接后冷却固化 30min 左右
b. 打磨整平焊缝，达到适宜形状

2.5.3.2 塑料钣金件的修理

（1）塑料钣金件损伤修复方法

① 塑料钣金件划痕和裂纹的修复方法。塑料钣金件的划痕和裂纹一般用粘接剂修复，其修复方法见表 2-88。

表 2-88 塑料钣金件划痕和裂纹的修复方法

a. 用水和塑料清洁剂清洗待修理部位，对接合表面采取除蜡、脱脂处理	b. 使用粘接剂之前，应将塑料钣金件加热到 20℃左右
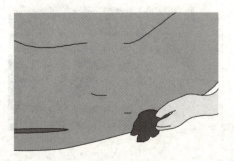	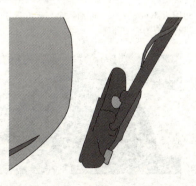

续表

c. 将催化剂喷到裂纹一侧,然后在该侧敷好粘接剂

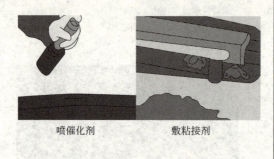

喷催化剂　　　敷粘接剂

d. 将划痕或裂纹两侧按照原来位置对好,迅速压紧,约1min后即可获得良好的粘接效果。等待粘接部位需有3～12h的硬化时间,以达到最大的粘接强度

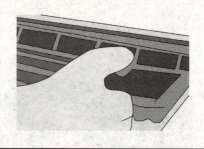

② 塑料钣金件擦伤、撕裂和刺穿的修复方法(表2-89)。

表2-89　塑料钣金件擦伤、撕裂和刺穿的修复方法

a. 用有去除石蜡、油脂及硅树脂功能的溶剂浸湿在干净的抹布上彻底清除损伤部位的污物,然后擦拭干净

b. 将擦伤孔边6～10mm宽处磨削成斜面用于粘接,磨削出粗糙表面有利于粘接

c. 用精细砂轮削去修理部位边缘的油漆,使孔边附近3cm左右表面的油漆全部被清理掉,然后进行必要的清洁处理

d. 在孔的上端钻一小孔,以防裂口处继续开裂

续表

e. 用去硅树脂和去蜡剂清洗修理部位的背面，然后贴上带有强粘接剂的铝箔以及能防潮的胶带，把孔完全覆盖住

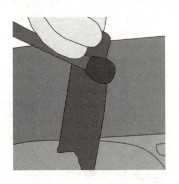

f. 按照说明准备粘接材料。大多数粘接剂是分装在两根管中的。在一块金属板面或木板上分别挤出等量的粘接材料，将它们充分搅拌，混合均匀，待用

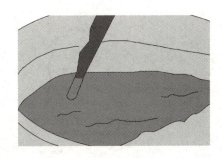

g. 用刮板将混合好的粘接剂分两步填充到孔洞中，第一步填充孔底，第二步将孔洞填平，动作要快，因为粘接剂在 2～3min 内会发生固化。填充完毕，硬化 1h 后用粗细砂轮磨去表面的凸点，并清除修理部位的碎屑、灰尘等污物

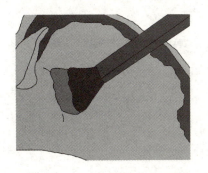

h. 用第二次调好的粘接剂填满修理部位，使用刮板刮平整形。等到干固后用 80 号砂纸把周围修整出一个粗轮廓，然后再用 180 号和 240 号砂纸打磨，对表面精修。如果出现高低不平或针孔，可用填充剂填平

i. 用 320 号砂纸进行最后的精磨，打磨后清洁修理部位，做好涂面漆的准备

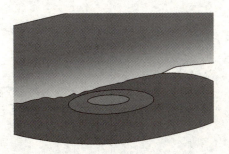

（2）塑料钣金件孔洞、穿孔的修复方法（表2-90）

表2-90 塑料钣金件孔洞、穿孔的修复方法

①清洁表面。首先，用抹布及清洁剂进行表面清理	②砂光损坏部位。砂光损坏部位，露出纤维玻璃夹层。用带真空吸尘附件的砂光机操作，以减少灰尘
	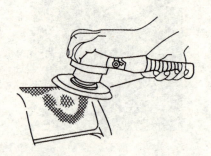
③修整损坏部位边缘。研磨或锉平损坏部位边缘，以形成一个盘形。盘形侧面需有斜面，以扩大粘接表面	④涂维修材料。首先，用水基蜡或油脂清洗剂清理维修部位，然后用抹布及压缩空气进行表面清理。最后，将维修材料涂在损坏的部位，使得维修部位比周围略高
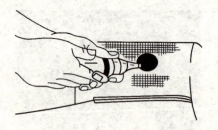	
⑤固化维修材料。使用加热风枪加热固化维修材料	⑥磨光表面。用砂轮或车身锉磨光塑料表面
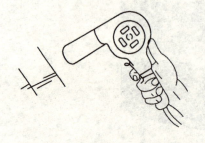	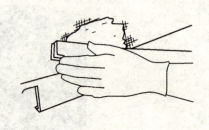

续表

⑦涂抹聚酯类材料。涂抹聚酯类材料使得砂光面均匀 	⑧表面修整。涂底涂层并用砂光机进行表面修整即可 

2.5.3.3 塑料钣金件的粘接与修补

（1）维修前的准备

① 所需的工具和设备。塑料维修套件有塑料粘接剂、塑料底漆、清洁剂和稀释剂、涂覆枪、网状加强织物、加固条。另外，维修塑料钣金件时还需要一个红外线烤灯，利用这个红外线烤灯将维修部位加热来加快粘接剂的干燥。

② 安全防护。塑料钣金件维修时要采取一般性保护及卫生措施。工作时必须戴上耐化学腐蚀的防护手套及密封很严的防护眼镜。为了保护身体应穿上合身的工作服。工作时严禁吃东西、喝水或吸烟。以免粘接剂接触到眼睛和皮肤，因为粘接剂对眼睛、呼吸器官和皮肤有刺激作用。对异氰酸酯过敏的人需避免接触这类产品。在通风不足的情况下应佩戴呼吸防护装置。如果粘接剂接触到眼睛、皮肤，应立即用流水冲洗。

（2）塑料钣金件粘接维修操作（表2-91）

表2-91 塑料钣金件粘接维修操作

①清洁损坏部件。清除蒙皮上的污物，用清水冲洗塑料钣金件并且进行干燥处理。用清洁剂和除油剂对部件进行彻底处理。清洁完成后应最少风干5min再进行下一步操作 	②对塑料钣金件进行打磨。用研磨机包上180号的砂纸打磨维修部位，使其粗糙化，注意打磨的面积不能过大。背面与正面同样要进行打磨处理。打磨完成后需清除研磨粉尘 

续表

③清洁打磨部位。用清洁剂和稀释剂对打磨部位两侧再次进行清洁处理，风干 5min 后再进行下一步

④粘接加固。在裂缝端部处粘接加固条，可加固薄弱部位。应使加固条弯曲，以致更多粘接剂进入加固条和塑料部件之间，从而进一步加固裂缝部位。接着在损伤部位背面涂覆粘接剂

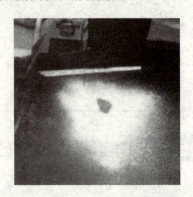

⑤粘接背面。根据损伤部位大小剪裁一块网状加强织物，将其放入粘接剂中，使粘接剂渗透整块织物。用一把塑料刮刀或刷子将粘接剂涂覆在网状加强织物上使得粘接剂完全覆盖住维修部位

⑥粘接正面。将粘接剂涂覆在正面时尽可能不要渗入空气，用刮刀从维修部位中部向外刮平。在这个过程中，应始终涂覆过量的粘接剂，以保证研磨时能够重新恢复塑料部件原来的形状

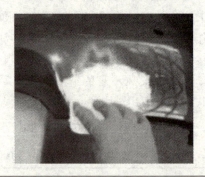

⑦粘接剂硬化处理。用红外线灯以 60～70℃ 对维修部位进行干燥处理约 15min，使得粘接剂硬化，并使其在室温条件下冷却下来

⑧打磨处理正面。开始操作时使用 120 号砂纸，接着使用粒度越来越小的砂纸，保证磨削出维修部件的原有形状。最后用粒度 240 号的砂纸精磨，并用清洗液仔细清洁维修部件

续表

⑨喷涂底漆。在维修部位上喷涂薄薄的一层底漆，风干大约 10min，待底漆干燥以后可以进行下一道喷漆，即完成修补

第 3 章

汽车喷漆工艺

3.1 喷漆常用设备及工具

3.1.1 喷漆室与烤漆房

3.1.1.1 喷漆室

喷漆室按去除漆雾和避免灰尘混入的方式可分为干法和湿法两大类,具体品种包括干式喷漆室、湿式喷漆室、水帘式喷漆室、文式喷漆室及水旋式喷漆室等,见表3-1。

表 3-1 喷漆室

①干式喷漆室只适合单件、小批量施工	②在湿式喷漆室中,喷淋式是比较老式的结构,现在已渐渐被其他湿式喷漆室所取代

续表

| ③水帘式喷漆室处理漆雾的效果较好，常用在中等工件的施工中  | ④车身涂装修理中多用的喷漆室有文式与水旋式两种  
文式　　　　水旋式 |

3.1.1.2 烤漆房

（1）红外线辐射干燥式烤漆房　红外线辐射干燥式烤漆房如图3-1所示，采用红外线辐射干燥（即38～83℃），由于其优点较多，因此被广泛使用，其内部结构示意如图3-2所示。

这类烤漆房所选用的红外线烤灯灵活多变，如图3-3所示。汽车修配厂可要求涂装设备制造商把红外线烤灯设计成一个方阵，形成一个真正的烤漆房，对整车进行烘烤，如有必要，也可只设置1～2个红外线烤灯，使其只对汽车局部加热。

图3-1　红外线辐射干燥式烤漆房

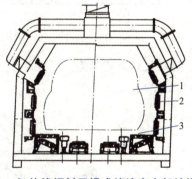

图3-2　红外线辐射干燥式烤漆房内部结构示意
1—工件；2—碳化硅板；3—运输线

管状

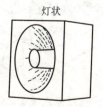
灯状

板状

图3-3　红外线烤灯

（2）喷漆、烤漆两用房

① 喷漆、烤漆两用房的特点。使用喷漆、烤漆两用房后，在喷漆时不受任何天气影响，能 20～40℃ 自动恒温，在进气管内装有滤网，将空气中尘粒等杂物滤去，使喷漆表面不染灰尘。

② 喷漆、烤漆两用房的结构和房体空气的流动特点。喷漆、烤漆两用房的结构如图 3-4 所示，它包括双离心式抽气机、连接风槽、房体和控制器等。

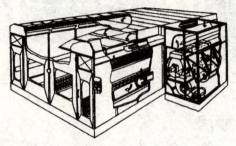

图 3-4　喷漆、烤漆两用房的结构

喷漆、烤漆时的气流如图 3-5 所示。

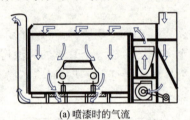

(a) 喷漆时的气流　　　　(b) 烤漆时的气流

图 3-5　喷漆、烤漆时的气流

③ 热空气对流式喷漆、烤漆两用房。如图 3-6 所示是热空气对流式喷漆、烤漆两用房的结构。

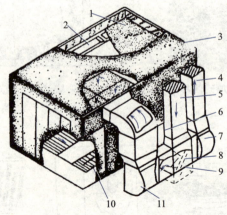

图 3-6　热空气对流式喷漆、烤漆两用房的结构
1—顶部过滤网；2—日光灯；3—房体；4—排气管；5—进气管；6—加热器；
7—排风机；8—工作状态选择活门；9—二次过滤网；10—底沟；11—进气机

④ 喷漆、烤漆两用房的正确使用。喷漆、烤漆通常实行全自动控制，具有一次设定即可进行全过程作业，自动喷漆、烤漆、恒温、自动开关机、自动延时流平以及自动计时等功能。以 QKF-3A 型微机温控净化汽车喷漆、烤漆两用房为例介绍其操作方法。

a. 喷漆过程。喷漆时将控制柜左侧的空气开关合上，连接电源，并将控制柜面板上的照明开关合上，接通日光灯。

为了提高喷漆质量，喷漆前需将其内地面、底沟风道和房顶用吸尘器及拖把打扫干净，将打磨好、清洗干净的汽车开进房内，关闭大门与侧小门，将工作状态转换手柄置于"喷漆"位置。按下控制柜面板上的进风电动机与排风电动机的红色按钮，进排风机进行送风、排风。

调整进风道与排风道风门开度的大小，使控制柜面板上压力表的示值位于 4～10Pa 之间，操作者从侧小门进入房内并关闭小门，然后进行喷漆。如喷雾飘浮不沉，可再调节各风门开度，直到喷雾下沉为止。如不管怎样调节各风门开度均无济于事，则应检查各处的无纺布滤网是否已经被涂料堵塞而不透气，尤其是进排风口处的滤网最易堵塞。必要时应予以更换。

喷漆结束后，操作人员离开烘房，重新关闭侧小门，同时按下控制柜面板上的排风电动机的红色按钮，断开排风电动机电源。

b. 烘漆过程。将工作状态转换手柄置于"烘漆"位置。按下控制柜面板上部微机电源的绿色按钮，依据面板上的显示器显示，再按一下"启动"按钮，设备即进入烘漆状态。这时，计算机自动将温度置成25℃，时间设置为 80min，打印机自动打印出表头。若自动设置的温度和时间不适合，则可重新设置。

注意：如预置的时间是两位数，则按时间柜内的设定键后，需先按 0 键，按键顺序为 0～90。结束烘漆有两种方式：一种是预置的时间完成时，计算机自动切断控制电路的电源，停止加热；另一种是随时按"结束"键，切断控制电路的电源，结束加热。无论采取哪种方式，打印机均会打印出表尾，操作人可将纸带裁下，填上表头与表尾的内容，然后存档。

3.1.2 空气喷涂系统

空气喷涂系统的工具主要包括喷枪、空气压缩机、油水分离器和压力调节组、输气软管等，此外还需空气清洁器、分水滤气器、喷漆室等与之配套使用。

3.1.2.1 喷枪

（1）喷枪的分类　喷枪的种类和型号很多，各家涂装设备制造公司的命名方法和分类有所不同，最常用的分类方法是按照涂料供给方式分，具体见表 3-2。

表 3-2 喷枪的分类

①重力式（也称上壶式）喷枪。重力式喷枪的涂料杯设置在喷枪喷嘴的后上方，喷涂时利用涂料自重与涂料喷嘴尖端产生的空气压力差使涂料形成漆雾。杯内涂料黏度的变化对喷出量影响小，而且杯的位置可由漆工随意调节，但是它的容量较小（约0.5L），仅适用于小物件涂装	②虹吸式（也称下壶式、吸上式或吸力式）喷枪。虹吸式喷枪的涂料杯设置在喷枪喷嘴的后下方，喷涂时，利用气流作用，将涂料吸上，同时在喷嘴处由压力差而引起漆雾。喷涂时出漆量均匀稳定

③压力式喷枪。压力式喷枪的涂料喷嘴和气帽正面平齐，不形成真空。漆料被压力压向喷枪，压力由一个独立的压力瓶（罐）提供。它适用于连续喷涂，喷涂方位调整容易，涂料喷出量调整范围广。缺点为需要增添设备，清洗麻烦，稀释剂损耗大，不适用于汽车修理厂修补漆方面应用

（2）喷枪的雾化过程　喷枪的雾化分为三个阶段进行，具体见表 3-3。

表3-3 喷枪的雾化过程

①第一阶段。涂料从喷嘴喷出后,被从环形口喷出的气流环绕,气流产生的气旋使涂料分散

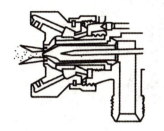

②第二阶段。涂料的液流和从辅助孔喷出的气流相遇时,气流控制液流的运动,将进一步使其分散

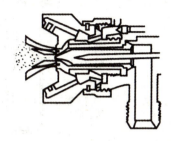

③第三阶段。涂料因为从空气帽喇叭口喷出的气流作用,气流从反方向冲击涂料,使其发出扇形液雾

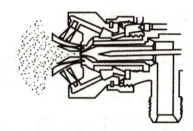

（3）喷枪的组成及各部件的作用

① 喷枪的组成。典型的喷枪由枪体与喷枪嘴组成,如图3-7所示。枪体又可分为空气阀、漆流控制阀、雾形控制（即漆雾扇形角度调节）阀、控漆阀、压缩空气进气阀、扳机和手柄。喷枪嘴由气帽、涂料喷嘴、顶针组成。

如图3-8所示为吸上式空气喷枪的结构纵剖图。扳机是两段式转换,扣下喷枪扳机时,空气阀先开放,从空气孔喷出的高速压缩空气在涂料喷嘴前面形成低压区,然后用力扣下时,涂料喷嘴开口,吸引涂料。

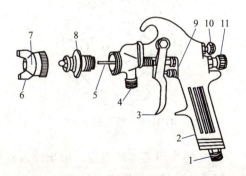

图 3-7 典型的喷枪构造
1—压缩空气进气阀；2—手柄；3—扳机；4—控漆阀；5—顶针；6—气帽角；7—气帽；8—涂料喷嘴；9—空气阀；10—雾形控制阀；11—漆流控制阀

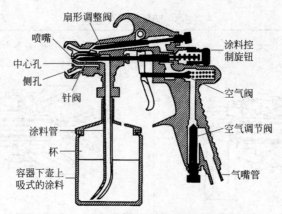

图 3-8 吸上式空气喷枪的结构纵剖图

喷枪中压缩空气及涂料的流动路线如图 3-9 所示。

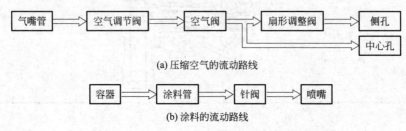

图 3-9 喷枪中压缩空气及涂料的流动路线

② 各部件的作用。

a. 气帽。气帽将压缩空气导入漆流,使漆流雾化,形成雾形。涂料喷嘴上分布有小孔,如图 3-10 所示,每个小孔的作用均不同。

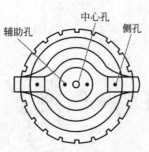

图 3-10 气孔的名称

b. 主空气孔。主空气孔的作用是形成真空,抽出漆液;侧面空气孔有 2～4 个,它借助空气压力控制雾束形状;辅助空气孔有 4～10 个,它促进漆液雾化。各孔的排列方式很多,如图 3-11 所示。

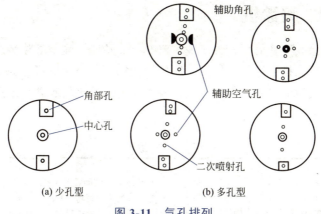

(a) 少孔型　　　　　　　(b) 多孔型

图 3-11　气孔排列

c. 辅助空气孔。辅助空气孔对喷枪性能具有明显影响，如图 3-12 所示。孔大或多，则雾化能力强，能够以较快的速度喷涂大型工件；孔小或少，则需要的空气少，雾形小，涂料雾化程度差，喷涂量小，但便于小工件的喷涂或低速喷涂。空气也从两个侧孔流出，其作用是控制雾束形状。雾形控制阀关上，雾束为圆形；雾形控制阀打开，雾束呈扁椭圆形。

图 3-12　辅助空气孔的大小与喷枪工作性能的关系

d. 顶针和涂料喷嘴。顶针和涂料喷嘴（图 3-13）的作用均是控制喷漆量，同时把喷流从喷枪中导向气流。涂料喷嘴内含有顶针内座，顶针顶到内座时可切断漆流。从喷枪喷出的实际漆量是由顶针顶到内座时涂料喷嘴开口大小决定的。控制阀能够改变扳动扳机时顶针离其内座的距离。

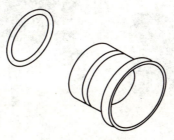

图 3-13　涂料喷嘴

3.1.2.2 喷涂机

在大面积涂装工作时，例如工业、汽车厂、造船、航空等涂装，可依据涂装的目的，采用喷涂机来进行。按照不同应用的需要，喷涂机可分为空气喷涂机、空气辅助式无气喷涂机和无气喷涂机。各类型的喷涂机均有独特的用途，具体见表3-4。

表3-4　喷涂机

① K24空气喷涂机是运用柔性膜片与一系列单向阀将液体涂料抽入泵缸，然后将涂料压出泵缸；可输送腐蚀性强的涂料和含有固体颗粒、黏度大的涂料；可将涂料直接从涂料桶中抽出；还可以实现循环供料，使涂料总是处于悬浮状态；方便换色和清洗	② K15空气辅助式无气喷涂机是运用一个往复式活塞与一系列单向阀将涂料从入口处抽吸进泵缸，然后从出口排出；可输送具有腐蚀性与磨蚀性的涂料及黏度大的涂料；可以将涂料直接从涂料桶中泵出；还可实现循环供料，使涂料一直处在悬浮状态；涂料流量便于控制；方便换色和清洗
	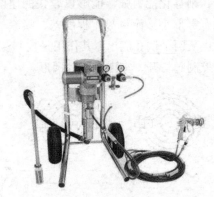

③ K30、K300、K500无气喷涂机与电动喷涂机的工作原理和K15的工作原理差不多。K30是气动的，K300和K500是电动的，它们的泵比K15大

无气喷涂机　　　　　　　　　电动喷涂机

3.1.3 压缩空气供给系统

压缩空气供给系统通常由空气压缩机（气泵）、空气净化设备、空气输送管道（硬管与软管）以及压力调节装置等气动元器件组成，如图 3-14 所示。

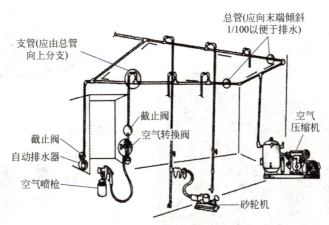

图 3-14 压缩空气管路布置

3.1.3.1 活塞式空气压缩机

活塞式空气压缩机的工作原理如图 3-15 所示。如图 3-15（a），活塞在向下移动时，气缸内部形成一定的真空度，外界空气因大气压的作用打开进气单向阀进入气缸，此时，通往储气罐通道的单向阀因为储气罐内气压高于气缸压力而关闭；活塞下行时，就形成了压缩机的吸气行程，直到活塞运行至下至点为止。随着曲柄继续转动，活塞从下止点向上止点运动，处于气缸内的空气被压缩，使得进气单向阀关闭，压缩空气推动排气单向阀，将压缩空气送到储气室存起来［图 3-15（b）］。曲柄连续转动，活塞于上下止点之间往复移动，形成连续的吸、排气过程。

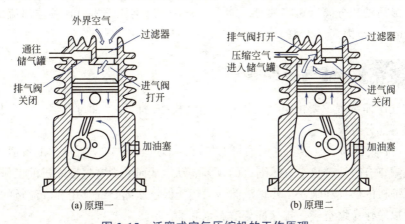

图 3-15 活塞式空气压缩机的工作原理

3.1.3.2 螺杆式空气压缩机

螺杆式空气压缩机的实物图和工作原理如图 3-16 所示。

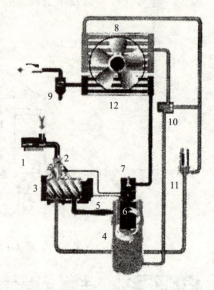

(a) 实物图　　　　　　　　　　　　(b) 工作原理

图 3-16　螺杆式空气压缩机的实物图和工作原理

1—空气进气过滤器；2—进气容量调节阀；3—螺杆主机；4—油气筒；5—二次回油管；
6—油水分离器；7—最小压力维持阀；8—油冷却器；9—气水分离器；
10—向电磁阀（断油阀）；11—油过滤器；12—气冷却器

利用两个阴阳螺杆转子啮合的螺旋转进行相反方向运动，它们之间自由空间的容积沿轴向减少，从而压缩两转子之间的空气，两旋转的螺杆利用喷油润滑及密封，最后油气分离器再将油与压缩空气分开，这类压缩机可连续输出流量超过 $400m^3/min$、压力大于 $1MPa$ 的压缩空气。

3.1.3.3 空气压缩装置

空气压缩装置主要由空气压缩机、电动机控制机构、油过滤器、干燥装置、储气罐等部分组成。

（1）储气罐　典型空气压缩机储气罐的形式如图 3-17 所示。配备适当容积的储气罐将有效地避免空气压缩机的频繁启动，从而减少空气压缩机的工作时间，减少压缩机的磨损和维修工作量。储气罐还能保持压缩空气气压和气流量的平衡，同时可以净化压缩空气，排除部分液态水和油。

第 3 章 汽车喷漆工艺

(a) 水平式空气压缩机

(b) 垂直式空气压缩机

图 3-17　典型空气压缩机储气罐的形式

（2）空气压缩机的控制系统（表 3-5）

表 3-5　空气压缩机的控制系统

①自动卸载器。当储气罐内压力为最大值时，自动卸载器启动，将罐内的压缩空气排向大气，让压缩机空转；当压力下降到一定值时，在弹簧弹力的作用下，安全阀关闭，压缩机回归正常工作状态。自动卸载器的最大压力和最小压力能够通过调节螺钉进行调整。图（a）是安全阀开启的情形；图（b）是压缩空气与大气相通，达到卸载、保护压缩机的目的 (a) 安全阀开启　(b) 压缩空气与大气相通	②压力开关。压力达到所需的最大值时，切断电源，电动机停止运转，压缩机停止工作；压力低于最小值时，电源接通，电动机重新转动，带动压缩机工作 
③电动机启动器。为电动机提供过载保护，必须选用与电动机相匹配的启动装置 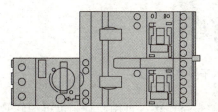	④过载保护器。对于小型设备通常采用熔断器（熔丝）进行电路过载保护；对于大型设备，在启动装置上设有热继电器实施过载保护 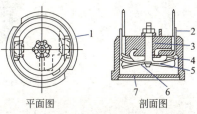 平面图　　剖面图 1—基座；2—引线；3—调整螺钉；4—动触点； 5—双金属片；6—静触点；7—盖

（3）油水分离器和油过滤器（表3-6）

表3-6　油水分离器和油过滤器

①油水分离器。油水分离器多用于净化压缩空气主管路上的液态油和水。外部为一个杯状外壳，内部为一个风扇叶状的单向通道。当压缩空气通过油水分离器时，因为离心力的作用，液态油与水会被甩向外围的杯壁，并流到杯底被排除掉，因此对后置设备及工具起到很好的保护作用	②油过滤器。油过滤器是采取物理方法过滤压缩空气中的油污、灰尘、杂质的一种设备。油过滤器的主要作用是先粗过滤压缩空气中的油和部分微粒，降低后期净化设备的负担

（4）空气干燥装置　空气干燥装置（图3-18）主要分为两类，即冷却型干燥器与吸收型干燥器。在冷却型干燥器中，空气的温度被降到露点以下，于是水蒸气便凝结成水滴，随后被排放出去；相对吸收型干燥器而言，水蒸气则被介质（如硅胶）吸收掉。硅胶吸足水后应立即更换，但对于一些比较昂贵的干燥器来说，硅胶是能再生的。

图3-18　空气干燥装置

（5）管路　压缩机和气动设备之间的管路连接，可用硬管，也可用软管。在操作车间里，通常有固定工位的设备均是先用硬管输送到固定位置，然后用软管接到气动设备上使用。

① 硬管。硬管可采用铜管、镀锌管或不镀锌的铁管。
② 软管。软管有两种类型，分别用于输送空气和液体。

3.1.4 打磨工具设备

3.1.4.1 磨料

依据磨料的原料不同，磨料可分为氧化铝、金刚砂（碳化硅）和锆铝三种，见表 3-7。依据磨料在底板上的疏密分布情况可分为密砂纸与疏砂纸两种。密砂纸上的磨料几乎完全粘满磨料面，用来湿磨；疏砂纸的磨料只占磨料面面积的 50%～70%。疏砂纸用来打磨较软的材料（如原子灰、塑料等），磨料面很难被软材料的微粒粘满而失去作用。

表 3-7 磨料

（1）氧化铝磨料 氧化铝是一种非常坚韧的磨料，能很好地避免其破裂和钝化。其硬度高、耐久性好、使用寿命长，且较难在底层材料上产生较深的划痕，目前使用较广泛。依据其粗细不同的选择，它能够制成用来除锈、清除旧涂层、打磨原子灰层、打磨新旧涂层的砂纸

（2）金刚砂（碳化硅）磨料 金刚砂是一种非常锐利、穿透力极强的磨料，呈黑色，一般用于汽车旧漆面的砂磨和抛光前对涂面的砂磨

（3）锆铝磨料 锆铝具有独特的自磨刃性，在打磨操作工程中，其自身不断地提供新的"刀刃"而提高工作效率和降低劳动强度。锆铝的自磨刃特性和工作时产生热量少的特性可明显减少打磨阻力，减少材料消耗，提高工作效率和表涂层质量

3.1.4.2 砂纸（表3-8）

表3-8 砂纸

（1）砂纸上磨粒大小的表示　粗细不同的磨粒黏结在特制的纸板上，形成适应各种施工需要的粗细不同的砂纸

（2）水砂纸　其大小规格约为23cm×28cm。因为修理作业的确定性，打磨部位的形状、大小的各异，要求将砂纸裁成适合打磨需要的尺寸

（3）粘扣式砂纸　目前，国内市场上粘扣式砂纸主要以进口为主，应用时，需与电动或气动研磨机配套使用

3.1.4.3 三维打磨材料

三维打磨材料（图3-19）是研磨颗粒附着于三维纤维或海绵上形成的打磨材料，这类材料有极好的柔韧性，适合打磨外形复杂或特殊材料的表面，可用于各种条件下的打磨。如菜瓜布就是三维打磨材料中的一种，主要用在塑料喷涂前的粗化、驳口前对涂膜的粗化以及修补前去除涂膜表面的细小缺陷等工作场合。

图 3-19 三维打磨材料

3.1.4.4 打磨垫

打磨垫是使用砂纸打磨工件操作中不可缺少的工具,主要有手工打磨垫和电动、气动研磨机专用打磨垫。

(1)手工打磨垫 手工打磨垫主要包括中等弹性橡胶垫、海绵垫及硬橡胶打磨垫三种,见表3-9。目前,因为汽车维修行业快速发展,打磨垫由过去操作人员自己制作已发展到批量生产的适用于各种需要的专用打磨垫。

表 3-9 手工打磨垫

①中等弹性橡胶垫。中等弹性橡胶垫为一种辅助的打磨工具,借助它的柔软性,在外包水砂纸打磨棱角和形状多变部位时,能够避免划伤凸出部位	②海绵垫。海绵垫适用于漆面打磨,如抛光漆面前,垫细水砂纸磨平颗粒、橘皮等,较难对漆面造成大的伤害。还有将抛光砂纸和3mm厚海绵粘接成一体,制成打磨块来进行抛光等精细研磨操作

③硬橡胶打磨垫。使用时,要外垫水砂纸,通常用来湿磨原子灰层,将物面高凸的原子灰部分打磨掉,使物面符合平整的要求,其长短和大小对磨平原子灰层有一定的影响,自制的打磨垫通常取厚2~3cm橡胶块裁剪成11.5cm×5.5cm的长方形。此打磨垫适用于一张水砂纸竖横剪成4份,每份尺寸约为11.5cm×14.0cm。对于大面积波浪形物面的原子灰层可适当采用加长的打磨垫(也可用平整的木板替代)	

（2）电动、气动研磨机专用打磨垫　用于电动、气动研磨机的专用打磨垫称为托盘，依据打磨物面不同分为以下两种，见表3-10。

表3-10　电动、气动研磨机专用打磨垫

①快速粘扣式干磨托盘。此托盘由母粘扣带制成，与干磨砂纸合用，特殊蘑菇头设计能紧扣砂纸，装卸快速、方便、牢固，修磨省时省力	②软托盘。软托盘和粘扣式漆面干研磨砂纸配合使用，通常钣喷车间所使用的圆形研磨机上都可安装
	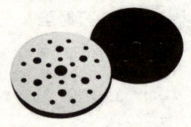

3.1.4.5　打磨工具

打磨工具依据驱动方式可分为气动与电动两种；依据形状进而分为圆盘式和板式。

（1）打磨机的类型　打磨机能够利用电力驱动，也可用压缩空气驱动。电动打磨机和气动打磨机如图3-20与图3-21所示。喷漆车间内有易燃物品，要避免使用电动工具，尽可能地使用采用压缩空气驱动的气动打磨机。气动打磨机主要有以下4种类型，见表3-11。

图3-20　电动打磨机

图3-21　气动打磨机

表 3-11 气动打磨机的类型

①单作用打磨机。打磨盘垫绕一个固定的点旋转，砂纸只做单一的圆周运动，转矩大。低速打磨机多用于磨去旧涂层，钣金磨就属于这类打磨机；高速打磨机多用于漆面的抛光，也就是抛光机

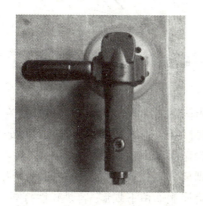

②轨道式打磨机。轨道式打磨机的砂垫外形均呈矩形，便于在工件表面上沿直线轨迹移动，整个砂垫以小圆圈振动，此类打磨机多用于原子灰的打磨

③双作用打磨机（偏心振动式）。其切削能力比轨道式打磨机强。当打磨机用来表面平整或初步打磨时，要考虑轨道的直径，轨道直径大的打磨较粗糙；反之较细

④往复直线式打磨机。砂垫做往复直线运动的打磨机称为往复直线式打磨机，多用于车身上的特征线和凸起部位的打磨。电动打磨机的类型和气动式基本相同

（2）打磨机的选择　选择打磨机时，首先应依据操作者的体格和体力，选择外形大小适宜的打磨机，太大则使人很快疲劳，无法坚持作业，太小则效率低。然后选择转速稳定、输出力量大以及振动小的打磨机。

如图 3-22 所示，打磨头的形状有两种。其中有倒角的一种应用起来比较方便，对于钣件的边角能很好地进行打磨。

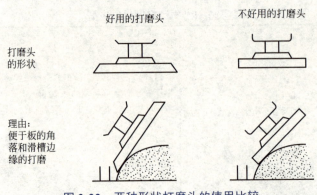

图 3-22　两种形状打磨头的使用比较

打磨头尺寸的大小选择应根据打磨面积来决定。如对车顶与发动机室盖等大面积区域进行打磨时,可使用直径为 18cm 的打磨头,以增加作业速度;小面积剥离时,使用直径为 10～12cm 的打磨头,操作起来比较方便。

使用电动打磨机作业时的注意事项:在剥离涂膜作业时,若使用的是硬性打磨头,则要保持与涂膜表面相平行,否则会在金属表面留下划痕;若是软性打磨头,与涂膜表面的接触方式应采用如图 3-23 所示的方式。

气动打磨机在使用方法上与电动打磨机有一定差异。因为其转速高,打磨力量不及电动式,对旧涂膜的打磨主要是依靠旋转力切削,故与旧涂膜的接触应保持与涂膜表面成 15°～20° 夹角,此外压力不得过重。

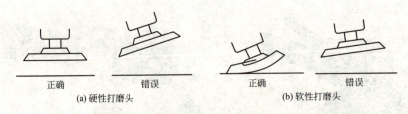

图 3-23　硬性打磨头与软性打磨头的正确使用

3.2　喷漆前准备

3.2.1　车辆的清洗

车辆的清洗见表 3-12。

表 3-12　车辆的清洗

①连接好高压水清洗机的电源与进水管。要求用水清洁、无污染，禁止使用未经过滤或受污染的水源，以免影响清洗效果，或对汽车外表形成损伤。通常情况下，只要使用自来水或符合标准的循环水即可 	②连接好泡沫机的压缩空气管，按照规定比例从加液口加入泡沫液和水（泡沫液与水加入量通过观察泡沫机侧面的透明刻度管来确定） 
③调整泡沫机的气压至规定值（泡沫机说明书建议值） 	④取出地毯进行清洗并晾干，清理烟灰盒、沙发坐垫等物品 
⑤关好车门窗（这一操作非常重要） 	⑥在开始清洗汽车之前先将汽车表面淋湿，这一步很重要，可以大幅度减少划伤汽车表面的可能性。可以使用高压水清洗机，调整为宽的喷射水流进行喷淋 

续表

⑦调整高压水清洗机为柱状水流,对缝隙及拐角等容易积存混砂的地方进行冲洗,尤其是车轮上方的车身圆弧里

⑧喷涂泡沫。喷涂的泡沫要均匀、适量,喷涂泡沫的顺序应按照从上到下进行

⑨擦车。擦车的顺序为:车顶、挡风玻璃、发动机罩、保险杠、灯具、车的一个侧面(包括玻璃)、车身后部(包括玻璃、尾灯)、车身的另一侧面(包括玻璃)以及车轮。轮胎及门槛下缘等车体下部位要用专用的海绵或刷子单独清理,必要时可配合喷水壶进行辅助喷水

⑩二次冲洗。水压低,扇面大,冲掉泡沫即可

⑪刮水。使用刮水板将车身上的水膜刮干净

⑫精细擦拭。用大毛巾和麂皮将整个车身擦拭干净
注意:麂皮在使用前必须要浸泡透、拧干后再使用,这样它的吸水性会更好

续表

⑬吹干。锁孔、门缝、车窗密封条、倒视镜壳、油箱盖等部位用压缩空气辅助吹干,特别是钥匙孔里的水分更要吹干净

3.2.2 漆膜损伤评估

3.2.2.1 评估方法(表3-13)

表3-13 评估方法

| (1)目测评估
①对于板件外表破损形成锈蚀的部位,通常都会有红色或黄色的锈渍,观察起来非常简单
②观察车身覆盖件的凹坑和凸起变形。观察时光不得与板件垂直,而要有一定的角度,角度的大小根据光线来调整,以可以看清板件表面情况为准。如果板件表面存在变形,由于变形部位与良好部位反射光线不同,用眼睛就会非常容易地观察到变形的部位。找到损伤部位以后,要及时做好标记,方便维修
 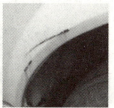
漆膜损伤(一)　　漆膜损伤(二) | (2)触摸评估　戴上手套(最好为棉质),从各个方向触摸受损的区域,但不能用任何压力。操作时要将注意力集中到手掌上,以感觉来评定不平度及漆膜损伤情况。为了能够准确地找到受损区域的不平整部分,手的移动范围要大,要包括没有被损坏的区域,而不是仅触摸已损坏的部分
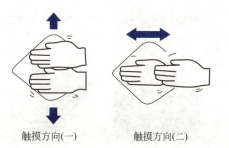
触摸方向(一)　　触摸方向(二) |

续表

（3）直尺评估　将一把直尺放在车身没有受损的区域上（损坏区域的对称部位），检查车身与直尺间的间隙，然后将直尺放在已损坏的车身板件上，评估已损坏的与未损坏的车身板件之间的间隙相差多少，来判断损伤的情况

如果在用直尺评估时，已损坏件有凸出部分，将影响评估操作，这时可用冲子或鸭嘴锤，将凸起的区域敲平或微微低于正常表面

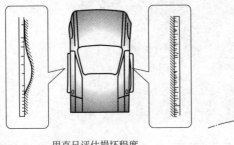

用直尺评估损坏程度

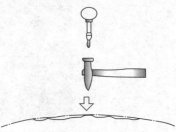

敲平损坏件的凸出部分

3.2.2.2 损伤评估步骤（表3-14）

表3-14　损伤评估步骤

①直尺测量损伤程度。在已经清洁完的车辆上对损伤部位进行评估。先用直尺测量损伤程度。测量时直尺水平压在板件上，目测凹陷的大小，观察是否需要整形，并基本确定刮涂原子灰的量 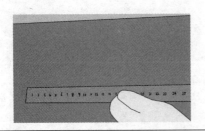	②手摸损伤部位，判断损伤程度。为准确掌握损伤程度，还可用手去摸损伤部位，判断损伤面积及凹陷程度，并借助眼睛观察相邻板件是否受到影响 
③使用抛光蜡判断漆膜类型。使用抛光蜡对漆膜类型进行判断，为后续的工艺做准备  抛光蜡　　判断漆膜类型	④使用溶剂判断油漆类型。使用溶剂对油漆类型进行判断，为后续选择何种工艺做准备。如果漆膜被溶解，则应在后续中清除掉  溶剂　　判断油漆类型

续表

⑤使用膜厚仪判断漆面状况。膜厚仪的作用主要是用于判断车辆是否有过维修。当漆膜的厚度超过原厂标准值时,即可认定该车已进行过维修,这会直接影响后续修复的时间及成本

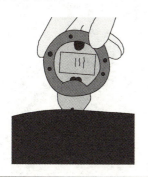

⑥确认损伤范围,制订修复计划。根据上述评估确认损伤范围,并制订出修复计划方案

3.2.2.3 不同类型面漆的鉴别(表3-15)

表3-15 不同类型面漆的鉴别

(1)溶剂擦拭法 使用普通的硝基稀释剂在原涂层上进行涂抹擦拭,通过观察有无溶解现象判断原涂层是否为溶剂挥发干燥型涂料

检查时使用白色的除油布蘸少量的硝基稀释剂在破损涂层周围或在车身隐蔽处轻轻擦拭,若原涂层溶解,并在布上留下颜色痕迹,表示原涂层属于溶剂挥发干燥型;若原涂层不溶解,表示原涂层属于烘干型或双组分型漆。丙烯酸聚氨酯型漆层不易溶解,但稀释剂会降低漆面光泽。若原涂层为自然挥发干燥型涂料,则在修补喷涂时应考虑新涂层中的溶剂成分会溶解原涂层,造成咬底等漆膜故障

(2)加热判定法 用于判别原涂层是热固性还是热塑性。如果原涂层为热塑性涂料,则在修补喷涂时采用同类型的涂料,或将旧涂层完全打磨掉后再进行涂装。使用红外线烤灯对测试板进行加热,注意控制加热温度,过热容易损伤漆膜。如果漆面有软化现象,则可证明为热塑性涂料

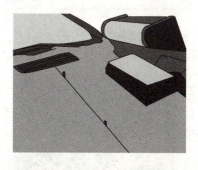

（3）硬度测定法　各种面漆干燥后漆膜的硬度不同，大体上看双组分漆与烘干漆硬度较高，而自干漆硬度较低。标准做法可使用硬度计进行测量

（4）厚度测试法　可通过膜厚仪测定漆膜厚度来判断面漆的大致类型，但这种方法测定结果不是十分准确，它更多用于检测漆膜的损伤，因为修补过的涂层厚度大多会超过150μm，要比原厂漆膜厚，这种方法不会损伤漆面

（5）电脑检测仪法　利用电脑调色系统可直接获得原车面漆的相关资料，这是目前涂装行业中普遍应用的检测方法。此方法方便快捷，只需利用原车车身加油口盖，通过仪器就能迅速、准确地判别出面漆的类型

3.2.2.4 漆膜类型的评估（表3-16）

表3-16　漆膜类型的评估

①取除油布。选取大小合适的除油布，并进行有规则的折叠

②将除油剂均匀地喷涂在工件上。必须要将待打磨工件表面湿喷，这样方可溶解工件表面上的油污

根据不同底材，选择相对应的除油剂

续表

③除油剂喷涂后的效果 	④工件上的除油剂未干时使用除油布将其擦干，一遍一遍地从上往下擦拭，先大面后边缘、角落，注意不能来回擦拭，以免造成二次污染。通常一块除油布擦拭的面积控制在 $0.2 \sim 0.3 m^2$ 
⑤准备两块除油布，一块除油布用除油剂湿润后，在工件上一小块一小块地擦拭，面积控制在 $0.2 \sim 0.3 m^2$，当工件表面还湿润时，就用另一块干净的除油布将其擦干 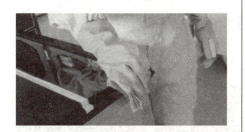	⑥将已使用的除油布放置到垃圾桶中。沾有除油剂的除油布易燃，因此不得乱丢、乱放，必须放置在指定、通风良好的地方 
⑦再次取除油布 	⑧用除油布蘸少量的稀释剂 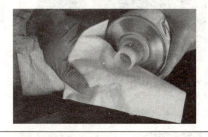

⑨测试需修复表面。用蘸有稀释剂的除油布擦拭需要修复表面的漆面，观察稀释剂能否将漆面溶解。若可以溶解，则将这些漆膜全部去除掉，以免漆面修复后产生缺陷

3.2.2.5 损伤范围的评估（表3-17）

表3-17 损伤范围的评估

（1）损伤范围评估方法一 从各个方向用手触摸工件需要修复的表面，最好戴上棉质手套，将注意力集中到手掌上。若是大范围触摸未损伤和损伤区域，可以更容易地触觉到不平的表面 	（2）损伤范围评估方法二 将直尺放在工件需修复的表面，比较未损伤部位和损伤部位与直尺之间的间隙 
（3）做记号 通过直尺测量，可以清楚地观察到损伤部位与未损伤部位的临界点。用记号笔做记号，为下一步操作做准备 	（4）确定损伤区域 根据记号，用砂纸划出损伤区域的范围，有利于下一步去除旧漆膜   用砂纸划出损伤区域　　损伤区域

3.2.3 表面预处理

3.2.3.1 手工除旧漆

（1）裁剪砂纸（表3-18）

表3-18 裁剪砂纸

①小面积打磨。将水磨砂纸长边对折2次，短边对折1次，剪裁成1/8大小，约11.5cm×7.0cm。以这种尺寸配合小垫板适合小面积打磨和处理涂面局部流痕处的磨平，或者直接用手对拐角等处打磨操作	②一般常规打磨。将水磨砂纸竖横各对折1次，裁成1/4大小，约11.5cm×14.0cm。这种尺寸大小适中，适于手握操作，方便灵活，是修理时最常用的。打磨时包在小垫板上，约1/2为打磨面

续表

③大面积打磨。将水磨砂纸沿长边对折 1 次，裁成 1/2 大小，约 14cm×23cm（一般根据打磨板的规格而裁剪，如果自制的垫板较长也可以沿短边对折）。通常打磨前把砂纸固定在标准打磨板上进行，对于较大平面上的缺陷具有较好的平整作用

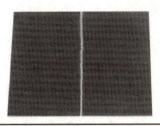

（2）操作流程（表 3-19）

表 3-19　操作流程

①将裁好的砂纸用手握住，在需要除旧漆处进行打磨	②如果要配合磨块打磨，应将裁好的砂纸平贴在磨块下面，两边多出的部分向上折，贴靠在磨块边缘以便用手握住。将磨块平放在打磨表面，前后及左右移动。打磨时，磨块必须保持平移，用力应适当

③手指打磨法：在对汽车某个特殊的部位进行打磨时，有时需要将手掌稍微抬高一点，将力量加到手指上，进行手指打磨，有时甚至还需将手掌再抬一点，将力量加到指尖上，用指尖进行打磨	④画圈打磨法：用手指按住砂纸，在一个小范围内迅速做圆周运动进行打磨。这种画圈打磨方式不能用于直径大于 25cm 的缺陷

续表

⑤三叉打磨法：在打磨较大面积的表面时，最好采用走直线的方法。在过渡区对相邻表面进行打磨时，应采用交叉打磨法（也称为米字形打磨），打磨时随时改变打磨方向，这样获得的基材表面较平整

⑥为了获得最好的打磨效果，应该始终和车身轮廓线相同的方向进行打磨，也可采用45°方向交叉打磨

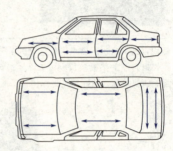

⑦对于旧漆膜有剥离或裂纹处，用铲刀刀尖部插入剥离层间或缝隙处一块块铲除旧漆膜。铲刀的尖部非常锐利，一定小心不能损伤不需修补的表面；尖部不能在底层表面留下较深的沟槽

⑧对于粘接较实的旧漆或凹槽、拐角等特殊部位，可以配合使用其他手工工具清除

⑨除旧漆过程中，也可配合加热法。加热法除旧漆即是利用火焰（或烤灯、烤枪）的高温使旧漆膜软化或炭化（烧焦）从而配合铲刀等工具清除旧漆的一种方法

3.2.3.2 用打磨机除旧漆

（1）干磨系统准备（表3-20）

表3-20 干磨系统准备

①打磨车间准备。打开照明开关，打开电动风门开关和排风开关 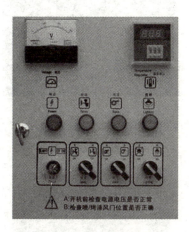	②干磨机的准备。使用前，先将三合一套管分别与吸尘器和磨机连接，检查吸尘器选择旋钮是否旋到"AUTO"挡，电源、气源是否接通。启动磨机开关试运行一下 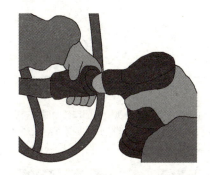
③安装砂纸。选择合适的砂纸后（对于清除旧漆膜，开始应使用P80干磨砂纸，然后根据下道工序要求，逐级递进至下道工序要求的砂纸型号），将砂纸孔对正磨垫孔，砂纸应完全覆盖磨垫 	④调节压力。打磨机工作的最佳压力是在工作状态下6bar（1bar=0.1MPa），工作状态下压力小于6bar会影响打磨机工作的力度，工作状态下压力大于6.5bar会导致打磨机加速磨损 

（2）操作流程（表3-21）

表3-21　操作流程

①选择偏心距为7mm的7号打磨头

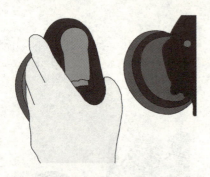

②把打磨头接上

③选择P80干磨砂纸。去除旧漆膜时，若底材为镀锌板，则用不粗于P80的干磨砂纸；若底材为铝材塑料件、玻璃钢，则用不粗于P150的干磨砂纸

④把砂纸贴在打磨头的托盘上。砂纸的孔和打磨头托盘的吸尘孔要对齐

⑤启动打磨机。将打磨机启动开关指向"AUTO"挡，即自动吸尘挡

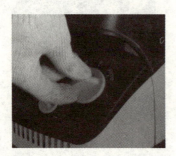

⑥调整打磨头转速。在开始打磨时将转速调整钮拨到中间位置，在打磨过程中再进行合适的调整

续表

⑦将损伤区的旧漆膜去除
  a. 打磨头托盘接触工件后,再开启打磨机
  b. 打磨时,将打磨头和工件的角度控制在 5°～10°
  c. 打磨时不得大力压打磨头

⑧根据所画出来的损伤区域,将临界边缘的旧漆膜先去除

⑨等到临界边缘上的旧漆膜去除后,再将中间的旧涂膜去除

⑩机磨去除旧漆面完毕

⑪手工去除旧涂膜。对于凹陷处的旧涂膜,打磨机打磨不到,则需用手工除去,一定要将损伤区的旧涂膜全部去除。若未去除干净,修补后此处将会产生涂膜缺陷

⑫损伤区旧漆膜去除完毕

3.2.3.3 打磨羽状边（表 3-22）

表 3-22 打磨羽状边

（1）选择 P150 砂纸

①打磨羽状边。选择砂纸的顺序为 P80、P120、P180、P240。也可用 P150 代替 P120 和 P180 两种型号砂纸打磨，提升工作效率

②选择打磨砂纸规律是，两个砂纸之间跳号不大于 100 号。如第一道选 P80，则第二道不可选 P180 以上的砂纸，跳号超过 100 号则无法去除前一道打磨的痕迹

（2）将砂纸贴在打磨头的托盘上 砂纸的孔和打磨头托盘的吸尘孔要对齐

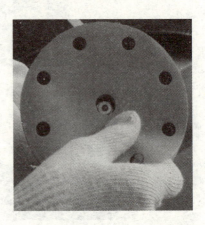

（3）用 P150 砂纸打磨羽状边（一）

①打磨头托盘接触工件后，再开启打磨机

②打磨时，将打磨头和工件的角度控制在 5°～10°

③打磨时不得大力压打磨头

（4）用 P150 砂纸打磨羽状边（二）

①打磨前先调整转速，先慢后快

②采用从外向内的打磨方法，沿打磨机的旋转方向以顺时针方向打磨

③尽可能用打磨头 1/3 的面积去打磨

④打磨过程中手往下压的力度适中，以避免将损伤区域扩大，使得羽状边打磨后的形状不规则

续表

（5）用P150砂纸打磨羽状边（三） 打磨过程中，一直控制打磨头与工件的角度，用力要均匀，沿着边缘从一边打磨到另一边

（6）检查打磨效果 打磨后，用手触的方式从各个方向检查过渡是否平滑。如果不平滑则继续打磨，如果平滑则可进行下一道打磨

控制角度（一）

检查打磨效果（一）

控制角度（二）

检查打磨效果（二）

（7）选择P240砂纸 用P240砂纸打磨的作用是去除P150砂纸打磨痕迹，使得羽状边过渡得更加平滑

（8）将砂纸贴在打磨头的托盘上 砂纸的孔和打磨头托盘的吸尘孔要对齐

续表

(9) 用P240砂纸打磨羽状边 打磨的方法与用P150砂纸打磨相同，保持一定的角度，沿着边缘从一边打磨到另一边

用P240砂纸打磨羽状边（一）

用P240砂纸打磨羽状边（二）

用P240砂纸打磨羽状边（三）

(10) 羽状边打磨结束 打磨结束后，羽状边形状应规则，各个面过渡应平顺，羽状边的长度（根据漆膜的厚度）控制在1～3cm，面漆上的磨毛区宽度控制在3～5cm，以便于下一步刮灰

打磨结束

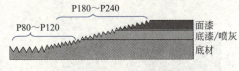

羽状边打磨后的剖面图

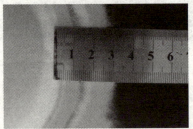

羽状边测量

(11) 进行吹尘 打磨后，用气枪将工件上的粉尘吹净

(12) 取除油布

续表

（13）将除油剂均匀地喷涂在工件上	（14）用除油布将工件擦干
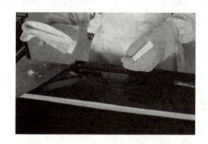	

3.2.3.4 钢板表面的除锈

钢板表面存在锈蚀，会严重影响涂料的附着性并且成为进一步扩大腐蚀的根源，因此必须清除干净。

（1）手工除锈　将 P100 砂纸按 1/4 规格裁好，垫好打磨垫，干磨锈蚀位置。要把锈蚀完全处理掉，露出金属的本色，且打磨应向未锈蚀的部位扩展 10mm 左右的范围。手工除锈适合锈蚀不严重、锈蚀范围小的情况。

（2）机器除锈（表 3-23）

表 3-23　机器除锈

①轻度锈蚀的清除　对于轻度锈蚀，可使用专用毛刷配合专用打磨机进行清除。毛刷上黏附有磨料，靠离心力及磨料的磨削力清除锈蚀。该方法非常适合用于边角、缝隙等很难触及的地方	②严重锈蚀的清除　如果锈蚀严重，最好选用角磨机配合钢丝轮进行打磨	
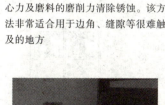		
	角磨机	打磨操作

3.2.3.5 无损伤板件（裸表面）的表面预处理

汽车车身常用板材包括电镀锌板（暗灰色）、森氏镀锌板（浅银色，带有小孔）、带电泳底漆的钢板（有黑色、棕色、灰色或绿色的涂层）、镀黄色铬板（透明的黄色，带有七彩颜色效果）、铝合金板（浅银色，打磨时会变软）、钢板（深银色，耐磨）、各种塑料板以及特殊材料板（玻璃纤维板、碳纤维板）等。

无损伤板件（裸表面）的表面预处理见表3-24。

表3-24 无损伤板件（裸表面）的表面预处理

(1) 裸露塑料件的表面处理 对新更换的塑料件，一般为裸表面（可能覆有脱模剂）。对该类板件进行预处理时，通常包括清洁、打磨及去湿等操作

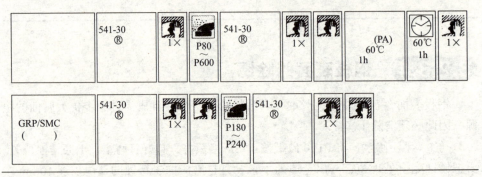

(2) 裸露金属板件的处理 车身修复时，经常更换新的板件，若所更换的金属板件为裸表面，一般需进行清洗和打磨处理。不同的涂料生产商所生产的涂料产品特点不同，其推荐的处理项目也不同

注意：对于钢板和镀锌板，进行上述底处理后，应及早喷涂底漆（侵蚀性底漆或环氧底漆），以保护表面不生锈

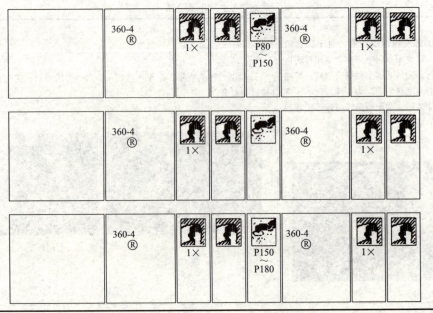

续表

（3）有原厂底漆的板件表面预处理　对更换的新板件，有时已有原厂底漆。对这类板件的表面预处理一般包括清洁、打磨

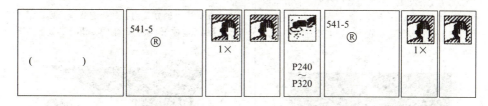

（4）无损伤漆面的表面预处理　无损伤漆面包括良好的旧漆膜和不耐溶剂旧漆膜两种。不耐溶剂旧漆膜指旧漆膜是溶剂挥发型漆膜或严重老化的旧漆膜

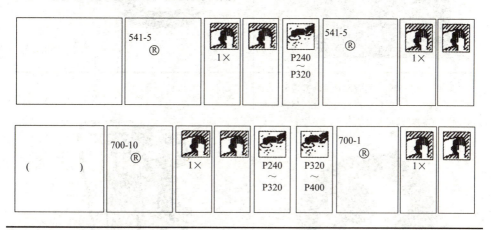

3.2.3.6　干磨系统的维护

（1）日维护（表3-25）

表3-25　日维护

①每天工作结束，断开电源、气源，取下磨头吹干净，装入工具箱	②检查维护吸尘器

（2）周维护（表3-26）

表3-26 周维护

①每周工作结束，断开电源、气源。将吸尘器外部清理干净；取下磨机，吹干净；用内六角螺丝刀旋下磨垫，将里面吹干净。若里面有集尘，清洁干净

②检查磨机手柄处管内，如果有集尘，则清洁干净；装上磨垫，放入工具箱。将工具箱取下，放于一旁

③取下三合一套管，检查套管旋转是否灵活，如果不灵活，应及时处理；检查三合一套管和磨机连接端管口是否有集尘，如有，则清洁

④取下适配器，打开吸尘器上盖

⑤检查空气滤清器上的灰尘量，若灰尘很多，应及时检查吸尘袋是否破裂；如果已破裂，则应更换，并清洁空气滤清器及吸尘器内部，清洁空气滤清器的方法是将其取下，用压缩空气吹干净

⑥取下吸尘袋，将灰尘清空后重新装上，操作时应格外小心，以免将吸尘纸袋弄破；若吸尘袋已破裂，应及时更换；盖上吸尘器盖子，锁住

续表

⑦检查伺服系统油杯内的润滑油量,如不到1/4油量,需及时补充 	⑧装上适配器 

（3）干磨房的维护 在正常操作条件下,干磨房底部的过滤棉一般80～100h更换一次,干磨房顶部的过滤棉一般400～450h更换一次；PVC帘正常7天清洁一次,如果脏污严重,要随时清洁；12个月应润滑各转动部件；3～5个月对干磨房风机连接件的松紧进行检查,如有松动需紧固。

3.3 喷漆工艺

3.3.1 喷底漆

3.3.1.1 车身的遮盖

（1）遮盖前准备 在准备喷涂的过程中,遮盖是非常重要的一步。对于不需要涂装的表面必须要遮盖好,否则会造成不必要的麻烦。遮盖需要使用遮盖材料。常用的遮盖材料包括遮盖胶带和遮盖纸等,不仅在车身修补涂装中使用,而且在汽车生产厂涂装过程中也广泛应用,具体见表3-27。

表3-27 遮盖前准备

①胶带。胶带在家庭中也经常用到,因此其用途较广泛。胶带用于将遮盖纸粘贴于车身表面	②遮盖纸。通常制成100cm、80cm、50cm等不同宽度系列的纸卷。通过中间通孔可将其装进专用的遮盖纸机上。下图所示的是一种常用的遮盖纸和胶带机,遮盖纸机上装有不同宽度的遮盖纸及不同规格的遮盖胶带

续表

 ③遮盖膜。用于遮盖用的塑料薄膜一般为聚乙烯膜，既经济又有效，可替代遮盖纸	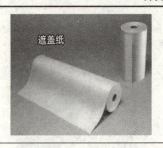 ④车身罩。车身罩也称车衣，用于迅速将整车遮盖，只需将待涂装部位露出，并进行必要的遮盖（用胶带及遮盖纸等）即可
 ⑤车轮罩。按车轮外形设计制造，可以快速遮盖车轮	 ⑥擦拭纸。擦拭纸用来擦拭散落的涂料、清洗擦拭喷枪、清洁工作台等，也可用来清除板件表面的灰尘。修补涂装所用的专用擦拭纸是大小不一的卷状
 ⑦粘尘布。虽然打磨后的板件经过压缩空气吹甚至用擦拭纸等擦拭，也不容易完全清除黏附的灰尘，最好使用专用的粘尘布将整个待涂装表面仔细擦拭一遍	 ⑧除油剂。除油剂也称为脱脂剂，一般封装在金属或塑料容器内。使用时可先将其倒进喷水壶内

（2）遮盖（表3-28）

表 3-28　遮盖

①胶的基本粘贴方法。聚氨酯涂料需加热干燥，应采用耐热胶带 	②装饰条和嵌条的遮盖 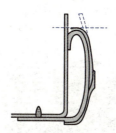
③铭牌和标牌的遮盖 a. 首先将胶带贴到标牌的顶部，并与板面保留一定的间隙。 b. 然后把两边粘到标牌上，应用力将胶带粘牢 	④侧窗玻璃的遮盖。当遮盖侧车窗时，需要先用胶带遮盖该区域的周边，再选用合适尺寸的遮盖纸。遮盖纸的底边粘贴到底部的胶带上，将遮盖纸周边折叠，折叠边用短的胶带粘好，最后全部粘到周边预先贴好的胶带上 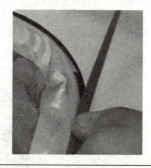
⑤车窗的遮盖 a. 当遮盖车窗时，应先用胶带遮盖该区域的周边 b. 选用合适尺寸的遮盖纸，遮盖纸的底边粘贴到底部的胶带上，将遮盖纸周边折叠，折叠边用短的胶带粘好，然后全部粘到周边事先贴好的胶带上 c. 覆盖窗玻璃时，主要使用69cm宽的纸，不够的部分再用10～20cm宽的纸粘贴上。四周用12～15mm宽的胶带粘住 	⑥车门入口的遮盖。如果要将车门入口完全遮盖，先要按入口宽度准备好遮盖纸，通常是取两张50cm宽的纸，搭接成1m宽，对准入口，先贴住上部，在贴下边以前，要先将纸放松弛，其方法是从中间折一下，这样车门才能关住。若宽度还不够，再加一张30cm宽的纸。若边切得不整齐，可用胶带补齐。纸与纸相重合的部分，应用胶带粘住，不能留缝隙 

续表

⑦车顶的遮盖

a. 首先应沿着车顶的周边粘贴一周胶带，然后采用合适尺寸的遮盖纸彻底地将车顶遮盖住

b. 遮盖纸应光滑，多余的边需折叠起来。所有的边缘均应用胶带粘住，防止油漆和灰尘进入

⑧散热器面罩和保险杠的遮盖

a. 首先用胶带沿着散热器面罩的周边进行遮盖，然后选择合适的遮盖纸进行遮盖

b. 如果保险杠采用金属材料制造，应选择合适尺寸和形状的遮盖纸进行遮盖，下部边缘需折叠，盖住保险杠的下部并粘贴牢固

⑨喷涂两种颜色时的遮盖。当汽车被喷涂成两种不同的颜色时，应先喷涂一种颜色。涂料干燥后，使用 19mm 的胶带将这种颜色的周边遮盖。然后，将该颜色的漆层用合适尺寸和形状的遮盖纸遮盖好。遮盖纸上的胶带粘到已经粘好的周边胶带上，多余的边折叠，粘贴牢固。然后，按照需要，可以再用遮盖胶带沿遮盖纸的底部和边缘粘贴，清晰地标出另外一种颜色涂料的喷漆面

3.3.1.2 喷枪的调整与操作

（1）喷涂模式的调整方式（表 3-29）

表 3-29 喷涂模式的调整方式

①空气压力调节。喷枪喷嘴处的压力对于获得合适的喷雾扇形有明显的影响。空气压力一般可通过调压器来调节测量气压最可靠的方法是使用一块插在喷枪和输气管接头之间的气压表。有些喷枪本身就带有气压表	②喷雾扇形调节。通过调节喷雾扇形控制旋钮可以调节喷雾直径的大小。调节喷雾形状时，将扇形控制旋钮旋紧至最小，可以使喷雾的直径变小，喷涂到板件上的形状变圆；将扇形控制旋钮完全打开，能够使喷雾形状变成宽的椭圆形。较窄的喷雾可用来局部修理，而较宽的喷雾则用于整车喷涂，下图所示的是扇形控制旋钮从旋紧到完全打开时，喷雾形状的变化

续表

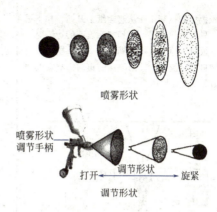

③涂料流量调节。调节涂料控制旋钮可以调节满足不同喷雾形状所需的涂料流量。逆时针转动涂料控制旋钮将增多出漆量，而顺时针转动将减少出漆量

（2）喷涂操作（表3-30）

表3-30 喷涂操作

①喷枪与工件表面的角度（喷涂角度）。喷枪和工件表面一定要保持垂直，严禁由手腕或手肘做弧形的摆动	②喷枪嘴与工件表面的距离（喷涂距离）。正常的喷涂距离应与喷枪的气压、喷枪的扇面调整大小以及涂料的种类相配合。一般喷涂距离为15～20cm（可按涂料供应商提供的工艺条件操作）

续表

③喷枪扳机的控制。先从遮盖纸上开始，扣下扳机一半，只放出空气；当走到喷涂表面的边缘时，完全扣下扳机，喷出涂料；到另一头时，松开扳机一半，涂料停止流出；反向喷涂前再向前移动几厘米，然后重复上述操作

④在"斑点"修补或者新喷涂层与旧涂层的边缘润色加工时都要进行"收边"操作

收边法喷涂：通过手腕的运动，喷枪按照月牙形轨迹离开修补表面，利用这种喷枪运动，漆层厚度会随着喷枪移开而慢慢变薄

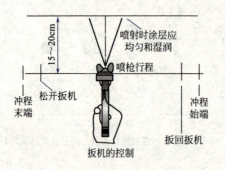

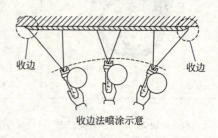

收边法喷涂示意

⑤喷涂方法、路线的掌握。喷涂方法包括纵行重叠法、横行重叠法、纵横交替喷涂法

喷涂路线需按从高到低、从左到右、从上到下、先里后外顺序进行。在行与终点关闭喷枪，喷枪第二次单方向运动的行程与第一次相反，喷嘴与第一次行程的边缘平齐，雾型的上半部与第一次雾型的下半部重叠，重叠幅度应第二层和上一层重叠 1/3 或 1/2

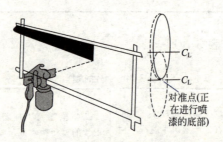

（3）走枪的基本动作　汽车修补涂装中，被涂物的状况不同，喷涂走枪的手法也不同，走枪的基本动作见表 3-31。

表 3-31　走枪的基本动作

| ①构件边缘的走枪手法。通常由右向左喷涂，并纵喷（喷出涂料呈垂直方向） | ②构件内角的走枪手法。通常采取由下而上，再由上而下喷涂，并采用横喷（喷出涂料成水平方向） |

续表

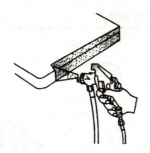

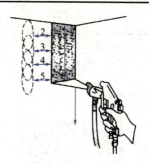

③小而直立的构件平面的走枪手法。按从上到下的行程进行（1→2），然后从左至右（2→3），再从下往上进行（3→4），依次完成（4→1→5→6→7→8→9）

④长而直立的构件平面的走枪手法。喷涂长而直立的构件平面时也是按从上到下的行程进行，然后从左至右，依次沿横向进行，每行程45～90cm，次序9以后行程重叠10cm

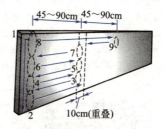

⑤小、中圆柱构件的走枪手法。喷涂小圆柱构件时，由圆顶从上到下，然后自下往上，分3～6道垂直行程喷完

⑥大圆柱构件的走枪手法。喷涂大圆柱构件时，应从左到右，再从右到左，水平行程，依次喷完

⑦大型水平表面的走枪手法。喷涂大型表面例如发动机室盖、车顶、后盖等，可采用长而直立构件平面的走枪手法，即由左至右运动喷枪，到临近基材表面时扣扳机；继续运动喷枪，到离开基材表面时放开扳机

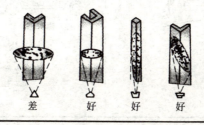

（4）不同板件的走枪顺序（表3-32）

表3-32　不同板件的走枪顺序

①车门。首先喷涂车门框的顶部，然后下移直到车门的底部。如果只喷涂一个车门，首先喷涂车门边缘；喷涂门把手时应该格外小心，由于某点的涂料太多，将会导致流挂

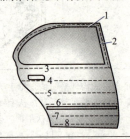

②前翼子板。发动机室盖的边缘和前翼子板的翻边应该首先喷涂，然后是前照灯周围部分及面板的穹起部分，最后是面板的底部

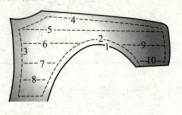

③后翼子板。首先喷涂边缘，然后喷漆工站在面板的中间，以一个长的连续的行程喷涂面板。如果无法一次完成，就把这个区域分成两个部分。使用这种方法时，应格外注意中间的重叠。如果重叠的涂料太多，将会发生下垂

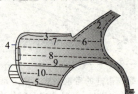

④发动机室盖。首先喷涂发动机室盖的边缘，然后是发动机室盖的前部，最后是前翼子板的侧面，从中心开始向边缘进行喷涂；另一侧也采用相同的方法喷涂

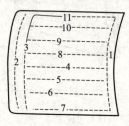

⑤车顶盖。喷漆工应站在长凳上，以便能够喷到车顶的中心。首先应喷涂一侧的挡风玻璃边缘，然后从中心到外边；一侧完成后，再用相同的方法完成后部和侧面

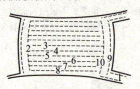

⑥整车喷涂。在横向排风的喷涂房里，先喷涂离排风扇最远的地方。首先对车顶盖进行喷涂，然后是左侧或右侧车门，接着是同侧的后翼子板，最后是后备厢盖及后围板。对汽车另一侧的喷涂先是后翼子板，然后是车门和前翼子板、发动机室盖、前裙板、门窗框，最后是对另一侧的前翼子板喷涂

在向下排风的喷涂房里，车顶盖应该首先喷漆，接着是发动机室盖与后备厢盖，然后对车身右侧喷涂，接着是后围板，最后是车身左侧，并逐渐向前运动直到全部完成

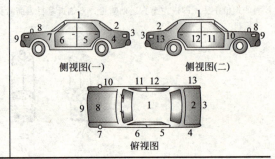

（5）刷漆操作方法及注意事项　头道底漆应采用刷涂法，黏度可适当高些，其他刷涂、喷涂均可，涂膜应均匀、不流挂。

使用漆刷时，一般采用直握法，用手将漆刷握紧，不允许松动。刷涂操作时，手腕转动，必要时以手臂与身体的运动来配合。将漆刷蘸少量涂料，然后从上到下，从左到右，先里后外，先难后易，纵横涂刷，最后用毛刷稍稍抹平边缘棱角，使涂料在物面上形成一层薄而均匀、光亮平滑的漆膜。在垂直面上刷涂时，最后一次需从上到下进行；在水平面上刷涂时，最后一次应根据光线照射的方向进行；在刷涂木材表面时，最后一次应顺着木材的纹理进行。刷涂时漆膜的厚度要适当，尤其是在夏季施工，环境温度高、湿度大时，更应注意涂刷的厚度，过厚容易皱皮，并且附着力变差，影响流平性；过薄容易露底，防护力差，并影响装饰性。

漆刷用完后，如果长时间不使用，一定要用溶剂彻底洗净、晾干，并且用塑料薄膜包好，保存在干燥的地方；如果短时期中断施工，可以将漆刷的刷毛部分垂直悬挂在溶剂或清水里，既不让刷毛露出液面，也不让刷毛接触容器底部，如图 3-24 所示。

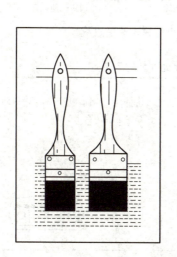 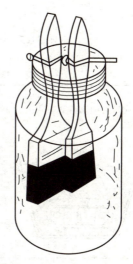

图 3-24　漆刷的存放

（6）新车底漆的涂装　如图 3-25 所示为典型的小型轿车的涂装过程（这时车身上未安装任何部件和总成），由此可知其中既有自动化机械操作，也包括人工的操作。

（7）新车底漆的电泳涂装

① 底漆涂装前的磷化处理。

a. 磷化处理前的清洗（表 3-33）。

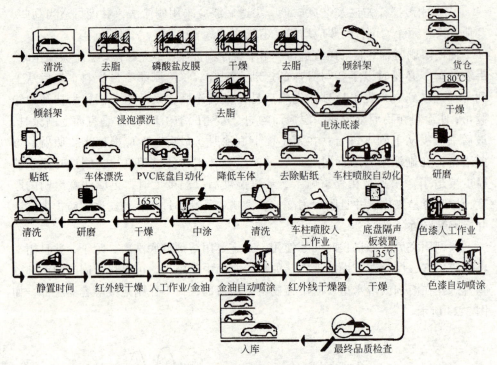

图 3-25 典型的小型轿车涂装过程

表 3-33 磷化处理前的清洗

ⓐ浸泡。将成形后的车身放在 40～50℃ 的水中浸泡	ⓑ冲洗。用同样温度的水进行冲洗，除去附着在车身上的污物

ⓒ除油。将清洗干净的车身浸入含有弱碱性的除油剂中，或用碱浴喷淋于车身，除去车身上的油污	ⓓ冲洗。用水将除干净油的车身冲洗干净，除去残留的碱性除油剂

b. 磷化处理（图3-25）。磷化处理通常有浸没式磷化处理和喷淋式磷化处理两种方法。

ⓐ 采用浸没式磷化处理时，首先将车身浸入磷酸钛溶液中，磷酸钛在车身钢板表面形成凝胶状表层。然后将车身浸入由磷酸锌、磷酸和加速剂配制的处理溶剂中，使车身钢板表面形成磷化层。

ⓑ 采用喷淋式磷化处理时，将清洗过的车身用磷酸盐溶液喷淋，使得车身钢板表面在喷淋过程中形成磷化层。

c. 磷化处理后的清洗、干燥（表3-34）。

表3-34　磷化处理后的清洗、干燥

ⓐ首先将通过磷化处理过的车身用大量的水冲洗，清理磷化处理后残留的磷酸锌等残留物	ⓑ然后用干净水冲刷车身，去除残留的、阻碍电泳底漆附着的剩余磷酸锌离子

ⓒ最后将清洗干净的车身置于温度为100℃以上的加热炉内加热来干燥残留的水渍	

② 电泳底漆的涂装（表3-35）。

表3-35　电泳底漆的涂装

a. 涂装电泳底漆。经过加热干燥的车身全部放入装满电泳底漆的电泳池中，此时车身和电泳池中的涂料被施以相当高的直流电压，涂料中的离子在电动势的作用下聚积在车身表面	b. 沥干电泳底漆。将电泳涂装结束的车身吊入倾斜架，使车身上残留的电泳底漆由车身表面和结构腔体中流出
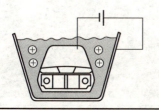	

续表

c. 冲洗。用大量的水清洗经过倾斜架的车身,冲洗掉附着不牢的电泳底漆。因为电泳底漆是依靠涂料粒子的沉积实现涂装,所以不必担心用水洗会将已经沉积的涂料冲洗掉。同时电泳底漆是水溶性的,不会存在多余涂料、无法清除干净的状况	d. 加热干燥。将水洗过的车身置于烘烤房内,加热至120℃以上,并保持25～40min,使沉积在金属表面的底漆干燥固化,这时涂层厚度为15～20μm

3.3.2 喷二道浆

3.3.2.1 喷二道浆（中涂底漆）前的准备（表3-36）

表3-36 喷二道浆（中涂底漆）前的准备

①选择打磨头。中涂底漆前,处理打磨时选用3号打磨头打磨旧涂层	②将打磨头接上。将打磨头与三合一套管对准后,一手固定三合一套管,一手将打磨头向左转动,当听到"嗒"的响声时表明即已接上

③选择P320干磨砂纸。一般在喷涂中涂底漆前用P320干磨砂纸打磨旧涂层	④将砂纸贴在磨机托盘上。砂纸的孔要和打磨头托盘的吸尘孔对齐
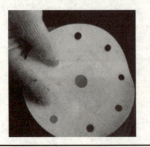	

续表

⑤启动打磨机。将打磨机启动开关指向"AUTO"挡,即自动吸尘挡

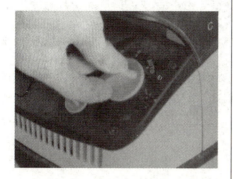

⑥调整打磨头转速。通常在开始打磨时将转速调整按钮拨至中间的位置,在打磨过程中再进行适当的调整

⑦将打磨头和工件充分接触后再运行打磨头,打磨过程中不得重压打磨头

⑧打磨时应从左往右、从上往下依次打磨,打磨时打磨头的移动速度应适当

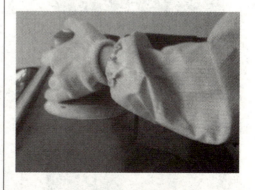

续表

⑨一边打磨一边观察,检查已经打磨过的旧涂层是否打磨透,必要时可以停下来。可采取侧面观察的方法检查已打磨过的表面

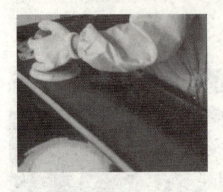

⑩尽可能使打磨头平放在工件上打磨,这样打磨后的表面才能既平又光滑

⑪当打磨有弧度的平面时,调整打磨头和工件的角度,尽可能让打磨头与工件接触面积最大,避免将旧漆膜磨穿至露底

⑫对于边角部位,不能用打磨机打磨,可选用红色或绿色的菜瓜布打磨,打磨至亚光

⑬对于门把手的边角部位,菜瓜布不易打磨到的部位,可以使用P320号砂纸折叠后进行打磨

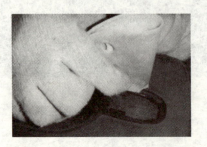

⑭打磨结束后,取一块无纺布,边擦拭打磨过的表面,边观察打磨是否彻底,整个待喷涂表面是否完全处于亚光状态

续表

⑮多角度观察打磨后的表面，注意边角的部位

3.3.2.2 贴护（表3-37）

表3-37 贴护

①选择专业的遮盖纸，遮盖纸长度应略大于工件贴护区的长度	②用力一拉将遮盖纸从锯齿口上切下
	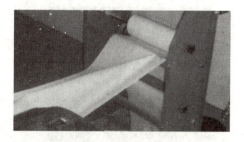
③采用反向贴护的方法，这种方法能够减少"台阶"，让新涂层和旧涂层的边界过渡平滑 先将遮盖纸盖在待喷涂的部位，再用胶带粘住遮盖纸的一边 用手指摁压，使胶带与工件充分地贴合	④用手指摁压，小心地将门皮边缘部分胶带完全贴合
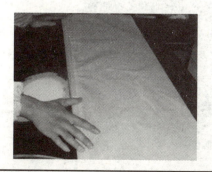	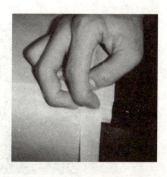

⑤将遮盖纸沿着固定的一边为轴翻转至非喷涂区域固定,使得遮盖纸之前的里面朝外、外面朝里

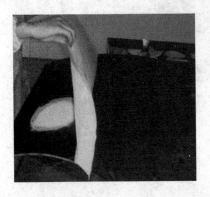

⑥将遮盖纸整理平整,使反转部位自然卷曲,不得用手挤压

⑦用胶带将边角的遮盖纸固定

⑧用胶带将另一边角的遮盖纸固定

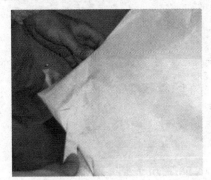

⑨用胶带将边缘的遮盖纸固定

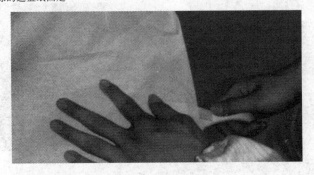

3.3.2.3 中涂底漆的喷涂（表3-38）

表3-38 中涂底漆的喷涂

（1）调整喷枪出漆量 调整的方法包括两种：将漆量调整旋钮旋紧再旋出2.5圈左右；在漆壶未装上前先用右手将漆量调整旋钮完全旋出，左手将扳机扣紧，右手将漆量调整旋钮向里旋，当内部有其他物体顶住的感觉时即可

（2）调整喷涂扇面 对于SATA PR底漆喷枪，在喷涂整个工件表面过程中，将喷涂扇面调整到最大，但在局部修补的过程中可以适度调整

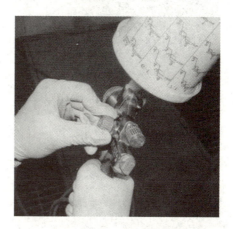

（3）调整气压 对于SATA PR底漆喷枪，气压调整到200～250kPa之间，但对于局部修补时可做适当调整

（4）进行喷涂前试枪 当喷枪调整后，即可试枪。通过试枪来观察喷枪调整是否正常以及判断涂料的黏稠性。正确的喷涂形状如下图所示

完美的喷幅图案

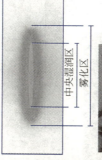

中央显湿区 雾化区

喷幅图案　　　　喷涂前试枪

续表

（5）进行粘尘　用粘尘布粘去工件上的灰尘。要将粘尘布充分展开后再粘尘，并且应注意工件的各个角落

（6）喷涂第一道中涂底漆　按照底漆产品的使用说明必须喷涂 2～3 道，方可达到规定的膜厚。喷涂时，先喷涂工件的边缘，然后喷涂工件的表面

（7）观察喷涂效果　当第一道中涂底漆喷涂结束后，在闪干过程中可以查看喷涂的效果，观察是否有流挂、漏喷的地方，如果有，则可在第二道喷涂过程中进行补救

（8）等待中涂底漆闪干　必须给予中涂底漆充分的闪干时间，等待中涂底漆表面全部处于亚光状态时方可喷涂第二道。禁止使用喷枪吹中涂底漆使其快速干燥

（9）喷涂第二道中涂底漆　喷涂方法和第一道相同

（10）喷涂完毕　喷涂后，膜厚应达到 70μm 左右，最厚不得超过 150μm，如过厚，将需要更长的干燥时间，降低工作效率

3.3.2.4 中涂底漆的打磨（表3-39）

表3-39 中涂底漆的打磨

①沿工件的轮廓线方向打磨，从一边磨至另一边	②打磨时不要将打磨头来回挪动太快，以恰当的速度来回挪动，主要是将中涂底漆上的桶纹磨透
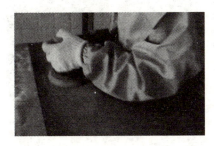	
③打磨时手不需用力压打磨头，将打磨头平放在工件上，尽可能使其接触面积最大，方可将中涂底漆磨平、磨光滑	④当打磨到门把手部位时，应给使用菜瓜布打磨留有一定的面积，尽可能不要直接磨到棱线部位，以免磨穿

⑤打磨工件边缘时，也应留下一定的面积，用菜瓜布打磨，以免磨穿	⑥当打磨有弧度的表面时，调整打磨头的角度，沿着工件轮廓线方向打磨

续表

⑦用吹尘枪将工件打磨后遗留下来的灰尘吹扫干净。无纺布与吹尘枪配合使用，将工件上的灰尘吹、擦干净

⑧检查打磨后的中涂底漆。仔细检查打磨后工件的表面，检查是否还有地方未磨透。如未打磨透则继续打磨，直到磨透为止

3.3.3 喷面漆

3.3.3.1 面漆的喷涂（表3-40）

表3-40 面漆的喷涂

（1）喷涂第一道底色漆 喷涂时，先喷涂工件的边缘，再喷面

（2）喷涂第一道底色漆 喷涂时，人站立在合适的位置（通常手持枪正好对准工件中间位置），以便在走枪时可以兼顾工件的两端。喷枪与工件保持垂直，以重叠3/4的喷幅匀速地从上往下喷涂

续表

（3）喷涂第一道底色漆完毕　第一道是干喷，根据底色漆颜色遮盖性能好坏来控制喷涂时的遮盖率

一般在喷幅和压枪不变的情况下，以走枪速度的快慢来控制喷涂后遮盖率

（4）喷涂二道底色漆　等到第一道底色漆充分闪干后（多角度观察漆面是否变成亚光）再喷涂第二道底色漆。第二道底色漆要求湿喷，喷涂完毕后达到100%遮盖

（5）喷涂第二道底色漆完毕　湿喷、100%遮盖

（6）喷涂效果层　当第二道底色漆充分闪干后，可以喷涂效果层。喷涂该层的目的是使得喷涂的银粉状态与原厂漆的状态一致。效果层要求干喷

（7）喷涂效果层完毕　喷涂时，枪距拉远，迅速走枪，干喷

3.3.3.2 面漆的局部过渡喷涂

（1）底色漆过渡的施工（表3-41）

表3-41 底色漆过渡的施工

①将工件放在喷涂架上 	②用粘尘布粘去工件上的灰尘。将粘尘布完全展开后进行粘尘，依次从工件的一边走向另一边，防止遗漏 
③调整喷枪喷涂驳口清漆。调枪顺序：出漆量、喷幅、气压 出漆全开，喷幅全开，气压2.5bar（1bar=0.1MPa）（SATA RP 喷枪） 	④喷涂驳口清漆。在工件上湿喷一层驳口清漆（除底漆喷涂区域），底色漆过渡处不能出现"黑圈"等现象 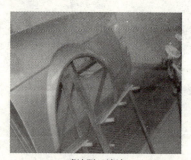 喷涂驳口清漆
⑤喷涂驳口清漆结束 	⑥喷涂底色漆。驳口清漆喷涂完后，可直接喷涂底色漆 

续表

⑦调整喷涂气压。将喷枪气压调整在80～150kPa之间

⑧喷涂底色漆。降低喷枪气压，以薄喷法将底色漆喷涂在中涂底漆区域。采用干喷法，将中涂底漆完全遮盖

⑨喷涂第一道底色漆完毕

⑩喷涂第二道底色漆。等到第一道底色漆闪干后，以同样的方法喷涂第二道底色漆，直到将中涂底漆完全被遮盖好。可采用弧形喷涂法，控制喷涂范围一层比一层稍宽，以作过渡

⑪喷涂第三道底色漆。当第二道底色漆完全遮盖中涂底漆时，采用驳口渐淡法向修补区域外喷涂。第三道底色漆采用雾喷法进行喷涂

⑫工件底色漆接口位置已经不明显

续表

⑬调整喷涂气压。将喷涂气压调整到250kPa 	⑭喷涂效果层。在底色漆喷涂的区域喷涂一层效果层 

（2）喷涂清漆（表3-42）

表3-42 喷涂清漆

①准备喷涂清漆。等到底色漆自然闪干后喷涂清漆 	②喷涂第一道清漆。喷涂第一道清漆，完全盖住底色漆范围 
③喷涂第二道清漆。等到第一道清漆闪干后，喷涂第二道清漆，需完全覆盖整个工件 	④板块内过渡的喷涂结束 

参 考 文 献

[1] 岸上善彦.汽车钣金[M].北京全华科友文化发展有限公司,译.北京:人民交通出版社,2014.
[2] 姬尚崑.汽车钣金工艺[M].郑州:郑州大学出版社,2014.
[3] 杨智勇.汽车维修钣金与喷漆一本通[M].北京:化学工业出版社,2016.
[4] 陈均.汽车钣金[M].2版.北京:电子工业出版社,2012.
[5] 贺玉兵,张富增,邹成斌.汽车维修钣金基础技能实训[M].北京.中国劳动社会保障出版社,2016.
[6] 谢伟钢.汽车钣金技术[M].北京:人民交通出版社,2012.
[7] 姚秀驰.汽车钣金基础[M].北京:人民交通出版社,2013.
[8] 周晓飞.汽车钣金喷漆工入门全程图解[M].北京:化学工业出版社,2015.
[9] 林育彬.汽车钣金理实一体化教材[M].北京:人民交通出版社,2015.
[10] 沈铁娜.汽车钣金修复工艺[M].北京:中国铁道出版社,2011.
[11] 郭建明.汽车钣金工艺[M].北京:人民交通出版社,2015.
[12] 李庆军,李效春.汽车钣金与涂装技术[M].重庆:重庆大学出版社,2012.